EXPOSITION
DES PRINCIPES.

DE L'IMPRIMERIE DE CORDIER.

EXPOSITION
DES PRINCIPES,
ET
CLASSIFICATION
DES SCIENCES
DANS L'ORDRE DES ÉTUDES OU DE LA SYNTHÈSE.

DÉDIÉ A MM. LES ÉLÈVES DES ÉCOLES DE DROIT

Par H.^{re} TOROMBERT,

Avocat, des Académies de Dijon et de Lyon.

> « Je vis qu'il fallait les prendre (les sciences)
> » chacune séparément, et les poursuivre chacune
> » à part jusqu'au point où elles se réunissent.
> » Ainsi je revins à la *synthèse ordinaire.* »
>
> J.-J. ROUSSEAU, *Confessions.*

A PARIS,

CHEZ AMABLE COSTES ET Cie, LIBRAIRES,

RUE DE BEAUNE, N.º 2, FAUBOURG SAINT-GERMAIN.

1821.

AVERTISSEMENT.

Il y a dix ans que je présentai à l'Académie de Dijon un mémoire portant le même titre que celui-ci ; cette société, justement célèbre, daigna encourager mon extrême jeunesse par l'accueil le plus flatteur : elle m'admit au nombre de ses associés-correspondans. Je ne tardai pas à sentir toute l'indulgence dont l'Académie avait usé envers moi. Le travail dont j'avais osé lui faire hommage ne renfermait que des notions vagues et confuses sur les sciences et sur la manière de les étudier. J'avais cependant conçu l'idée fondamentale de la méthode ; car j'établissais en principe que, dans la nature, il n'y a que des rapports, et qu'on doit classer et étudier les sciences

en prenant pour base ces rapports, et
en procédant du simple au composé,
c’est-à-dire en procédant *synthétique-
ment*.

Je fis mal l’application de ce principe.

Dans le cours de mes études, la ré-
flexion m’a toujours ramené vers l’idée
première de cette classification; et mon
expérience propre m’a convaincu de
l’imperfection des méthodes générales
d’enseignement, ou plutôt de la nécessité de classer les sciences dans un ordre qui en fasse saisir plus facilement
la génération, la liaison et l’ensemble,
dans un ordre conforme à la nature et
à nos moyens de perfectibilité. La plus
grande difficulté qu’éprouvent ceux
qui se livrent à l’étude d’une science
quelconque, c’est de déterminer ses
liaisons, ses points de contact; c’est
de déterminer précisément quelle est

la place qu'occupe cette science dans la chaîne des connaissances humaines ; c'est de comprendre l'ensemble, le système général de ces connaissances. Je crois que cette difficulté est une de celles qui mettent le plus d'obstacle aux progrès de l'esprit. En effet, si l'on n'a des notions très-claires du système de la nature, il est certain qu'on ne saura jamais à fond la science qu'on étudie, quelle qu'elle soit ; il est certain que l'on sera même sujet à se méprendre sur l'application, sur le but, sur l'utilité de ce qu'on aura appris. Par où faut-il commencer ? par où faut-il finir ? Qu'est-ce qu'on entend par *principes* ? Y a-t-il en morale et en législation des principes aussi sûrs qu'en physique, etc. ?... Voilà les questions qu'on se fait tous les jours, et auxquelles j'ai cru qu'il était indispensable de répondre.

C'est dans cette pensée, mais avec crainte et défiance de moi-même, que j'ai présenté de nouveau ce *Tableau synthétique* à l'Académie de Lyon. Dans ses mémoires de 1820, elle a fait mention de mon travail, et ce qu'elle en a dit d'obligeant m'a déterminé à publier cet Essai.

Je n'ai pas besoin de confesser tout ce que je dois aux ouvrages des Bâcon, des d'Alembert, des Dupont de Nemours, des Tracy, des Lencelin, qui tous, comme on sait, ont fait des tables de sciences. Il est vrai qu'ils ont envisagé les sciences sous d'autres points de vue et dans des buts différens de celui que je propose ; néanmoins je dois croire que sans eux j'aurais eu bien de la peine à concevoir l'idée de la division que je présente aujourd'hui.

Je m'empresse de consigner ici l'expression de ma reconnaissance pour les personnes qui ont bien voulu m'aider de leurs conseils, et encourager mon zèle par leur approbation. Parmi ces personnes bienveillantes, quelques-unes ont pensé que j'aurais pu donner plus d'étendue aux motifs de cette classification. Je dois m'expliquer à ce sujet. D'abord, si j'avais voulu remplir le cadre que présente le *Tableau synoptique*, je ne sais pas où j'aurais pu m'arrêter; ensuite, comme mon principal soin a toujours été de réduire mes pensées à leur plus simple expression, comme je n'ai eu le dessein que d'*exposer les principes* et de mettre sur la voie des conséquences, il m'a été impossible de faire autrement que j'ai fait, à moins de me jeter dans des développemens interminables. Après avoir resserré, il m'aurait donc fallu étendre? Je n'ai point l'esprit assez flexible ou assez fécond pour faire à volonté un gros volume de ce qui est renfermé dans une centaine de pages. D'ailleurs, je suis persuadé que l'inspection seule du *Tableau* suffira pour en saisir l'esprit, et pour suppléer à tout ce que j'ai négligé ou omis; et puis, dans le siècle où nous vivons, où l'habitude de penser est devenue si commune, *on peut*, comme le dit Helvétius, *enjamber sur bien des raisonnemens; il suffit de montrer de loin à loin quelques jalons, pour qu'on devine tous les points par où la route doit passer.*

INDICATION DES TITRES.

EXPQSITION

DES PRINCIPES,

ET

MOTIFS GÉNÉRAUX

DE

CETTE CLASSIFICATION.

POINT DE VUE GÉNÉRAL.

Le Créateur a lié toutes les parties de l'univers, en les rendant susceptibles d'agir les unes sur les autres par le moyen de propriétés dépendantes de leur nature : cette liaison constitue l'ordre, l'harmonie des êtres.

L'homme a de même été fait pour être en relation avec ce qui l'entoure. L'existence des corps se manifeste à ses organes, soit directement, soit indirectement par leurs propriétés; et il ne connaît des corps que ces propriétés.

Mais s'il n'avait que des sensations isolées, ces propriétés ne seraient rien pour son esprit : ce n'est que par la comparaison qu'elles font naître en lui des idées. C'est donc l'observation comparée de ces propriétés, ou l'observation de leurs actions réciproques, ou, ce qui est encore identique, de leurs *rapports,* qui forme ce que nous appelons les *sciences.*

Il n'y a que deux manières d'envisager les sciences : l'une est offerte par *l'analyse,* l'autre par la *synthèse.* Il est très-important, dans le but que je me propose, de se bien rappeler quel usage on doit faire de chacune d'elles.

L'analyse procède du composé au simple; elle s'élève, par une suite d'inductions, des phénomènes aux causes. Elle examine d'abord l'ensemble, sépare ensuite les parties, et arrive ainsi à l'élément, à l'unité, au principe. C'est la méthode d'invention, ou des *découvertes.*

La *synthèse* procède du simple au composé : elle consiste à descendre des causes à tous les détails des phénomènes; elle se place à la source des sciences, et les suit dans tous leurs développemens; elle part des élémens, des principes connus, établis comme certains, et arrive ainsi à la conclusion par un enchaînement régulier de conséquences et de vérités prouvées. Elle ne s'applique donc qu'aux objets éclairés par l'analyse; elle ne s'applique qu'aux sciences, en tant qu'elles sont toutes faites. C'est la méthode d'*enseignement*.

Enfin, l'une décompose, et l'autre recompose; l'une soustrait ou divise; l'autre additionne, multiplie ou réunit.

Bàcon appelle ces deux méthodes l'*échelle de l'entendement humain*.

Les philosophes de l'antiquité, et quelques-uns des temps modernes, pour n'avoir pas suivi la *méthode d'analyse* dans les découvertes qu'ils se proposaient, n'ont enfanté que des chimères. Ils imaginaient des principes, des causes générales, et descendaient ainsi dans les faits. Avec beaucoup d'esprit, ils y voyaient tout ce qu'ils desiraient y voir; et c'est de la sorte qu'ils confirmaient leurs ingénieuses théories. De là les systèmes qui ont amusé le monde pendant tant de siècles. Enfin parut le *Rénovateur de l'entendement humain* : guidé par une raison forte, il ouvrit la route qui conduit à la vérité, et Newton, en la suivant, découvrit le système du monde.

Mais Newton, qui devait tout aux heureux secours de la méthode analytique, jugea lui-même que les découvertes devaient être exposées dans un ordre différent : il employa la *synthèse* pour enseigner aux hommes la vérité. Les géomètres, les physiciens, les chimistes qui sont venus depuis ajouter de nouvelles richesses au domaine des sciences, ont suivi cet exemple. « La synthèse géomé-
» trique, dit M. Laplace (1 , a la propriété
» de ne faire jamais perdre de vue son objet,
» et d'éclairer la route entière qui conduit
» des premiers axiomes à leurs dernières
» conséquences; au lieu que l'analyse algé-

(1) *Exposition du Système du Monde.*

» brique nous fait bientôt oublier l'objet
» principal pour nous occuper de combinai-
» sons abstraites; et ce n'est qu'à la fin
» qu'elle nous y ramène. »

« La méthode, dit Mallebranche, qui
» examine les choses en les considérant dans
» leur naissance, a plus d'ordre et de lu-
» mière, et les fait connaître plus à fond
» que les autres. »

J.-J. Rousseau, se traçant un plan d'études, eut aussi recours à la synthèse. Il est
extrêmement intéressant de l'entendre lui-
même : « Pour peu, dit-il (1), qu'on ait un
» vrai goût pour les sciences, la première
» chose qu'on sent en s'y livrant, c'est leur
» liaison, qui fait qu'elles s'attirent, s'ai-
» dent, s'éclairent mutuellement, et que
» l'une ne peut se passer de l'autre. Quoi-
» que l'esprit humain ne puisse suffire à
» toutes, et qu'il en faille toujours préférer
» une comme la principale, si l'on n'a quel-
» ques notions des autres, dans la sienne
» même on se trouve souvent dans l'obscu-

____

(1) Confession

» rité. Je sentis que ce que j'avais entrepris
» était bon et utile en lui-même, qu'il n'y
» avait que la méthode à changer. Prenant
» d'abord l'encyclopédie, j'allais la divisant
» dans ses branches; je vis qu'il fallait faire
» tout le contraire, *les prendre chacune*
» *séparément, et les poursuivre chacune à*
» *part jusqu'au point où elles se réunis-*
» *sent. Ainsi je revins à la synthèse ordi-*
» *naire;* mais j'y revins en homme qui sait
» ce qu'il fait. La méditation me tenait, en
» cela, lieu de connaissance...... Je trou-
» vai dans l'exécution de ce plan un autre
» avantage auquel je n'avais pas pensé, celui
» de mettre beaucoup de temps à profit... »

J'ai fait l'application de la *méthode syn-*
thétique à l'étude générale des sciences humaines.

Dans ce point de vue nouveau, j'essaie de
prendre pour base les rapports constans et
invariables d'après lesquels tous les êtres de
la nature agissent les uns sur les autres.
L'exposition des vérités prouvées se faisant
ainsi en suivant la chaîne non interrompue
des rapports qui lient les principes aux con-

séquences, la liaison des idées ne sera alors que la liaison des rapports eux-mêmes.

Cette méthode me paraît simple, conforme à la nature des choses et au développement de l'esprit; elle exclut l'arbitraire, les systèmes vagues; elle fonde, en un mot, les sciences sur les rapports naturels; ou plutôt les sciences ne sont que ces rapports eux-mêmes reconnus et constatés par nos facultés.

Ces rapports sont de trois ordres :

Premier ordre. — Rapports en raison de la *composition* et en raison des *masses*.

Deuxième ordre. — Rapports en raison de l'*organisation*.

Troisième ordre. — Rapports en raison de la *moralité*.

Nous comprenons aisément ces trois ordres en deux grandes classes, *physique* et *morale* (1).

Ces rapports, ou les actions réciproques des êtres, s'établissent en vertu de *propriétés*, qui prennent le nom de *facultés* quand

____

(1) Les rapports moraux ne sont que des conséquences des

il s'agit des corps organisés vivans et intelligens.

Les résultats de ces actions sont ce que nous appelons des *phénomènes*, des *faits* en physique, des *droits* et des *devoirs* en morale. Ces faits et ces droits, observés et constatés par nos moyens de connaître, et liés à leurs causes, sont l'objet définitif de toutes nos recherches, de toute notre étude.

Les propriétés des corps, considérées dans leurs rapports avec nos facultés intellectuelles, et dans leurs applications à nos besoins; ou, ce qui revient au même, l'homme exerçant ses facultés intellectuelles sur les corps de la nature, et y trouvant la satisfaction de ses besoins, donne naissance aux *arts*.

Nos facultés morales, considérées dans leurs rapports avec nos semblables; ou bien

---

facultés de l'homme ou des propriétés de son être ; ils sont une dépendance de son *histoire naturelle* ou de sa *physiologie*. Cependant j'ai cru devoir les classer à part, pour ne rien changer aux idées reçues, qui divisent les sciences en deux grandes classes: *physique* et *morale*.

Cette observation m'a paru nécessaire pour qu'on ne se méprît pas sur les principes qui servent de base à cette classification.

l'homme exerçant ses facultés morales sur ses semblables, et y trouvant la satisfaction de ses besoins, donne naissance aux *droits* et aux *devoirs*, c'est-à-dire à la *morale*.

Des rapports physiques et moraux particuliers, naît un autre ordre de rapports qui embrasse les êtres sous le point de vue le plus général, le plus étendu. Il saisit du même coup-d'œil le *monde physique* et le *monde moral*, et la coordination des lois auxquelles ils sont soumis; il s'élève au-dessus de tous les individus, pour ne voir dans l'univers qu'un tout, qu'un être unique. C'est là qu'il faut chercher et reconnaître l'âme du monde, ce Knef, ce Zéus, ce Jéhova, ce Dieu, cette intelligence source de toutes les intelligences, cette cause de toutes les causes, cet ordre invariable et éternel, type de tous les ordres; c'est là qu'on aboutit après avoir rassemblé sous sa main toutes les diverses parties de l'univers; c'est la dernière des combinaisons, le dernier terme, le plus sublime des résultats que puisse atteindre l'intelligence humaine; c'est là l'objet de la *religion*.

Tel est le point de vue général sous lequel on peut considérer l'ensemble de nos connaissances ; telle est la méthode qui m'a semblé propre à éclairer et à assurer la marche de l'esprit dans l'étude des sciences.

On a bien suivi cette méthode dans l'étude de quelques sciences en particulier ; mais jamais, que je sache, on ne l'a appliquée aux sciences en général. Bacon et d'Alembert ont classé les connaissances d'après des systèmes arbitraires des facultés humaines. Ils ont pris pour base de leurs classifications des abstractions indéfinies, telles que la *mémoire*, la *raison*, l'*imagination*, ou toute autre de ce genre, qui ne sont réellement que des attributs généraux de l'intelligence, que des manières de se servir de notre esprit, et qui ne sont point des facultés primitives, radicales. D'autres savans ont imaginé d'autres divisions, d'autres cadres, dans lesquels ils font entrer toutes les sciences. Ce qu'il y a de remarquable, c'est que tous annoncent la prétention de fonder leurs classifications sur la *nature des choses*, et que pas une de ces classifications ne ressemble à une autre. Ces variations, ces incertitudes ne dénotent-elles pas de faux systèmes, de faux points de vue? *La nature des choses!* Est-elle ailleurs que dans les propriétés des êtres, que dans leurs rapports ou leurs actions réciproques? Quand Guyton-Morveau et Lavoisier (1) eurent l'heureuse idée de la nouvelle *nomenclature chimique,* c'est sur la *nature des choses,* sur les élémens, sur les propriétés premières des molécules, qu'ils en établirent la base. On peut sans doute la perfectionner dans ses détails, la modifier, et c'est ce qu'on a fait ; mais il ne peut venir à l'esprit de personne d'en changer la méthode.

Si j'avais à faire une classification des sciences dans *l'ordre analytique,* je la renfermerais dans deux grandes divisions, dont l'une comprendrait *l'histoire physique,* ou le

---

(1) Il faut rendre à chacun ce qui lui appartient. C'est au célèbre *Linnæus* qu'on doit la langue méthodique que l'on parle aujourd'hui dans les sciences : il réduisit chaque dénomination à deux noms, dont l'un était commun à l'espèce dénommée, ainsi qu'à toutes celles qui appartenaient au même genre, et l'autre servait de signe distinctif à cette espèce. Guyton-Morveau et Lavoisier ont fait l'application la plus heureuse de cette méthode à la chimie.

recueil des expériences faites sur les molécules et sur les masses, et dont l'autre comprendrait *l'histoire morale*, ou le recueil des
actions des hommes. Cette exposition me
conduirait à la recherche des *principes* des
faits physiques, et à celle des *principes* des
faits moraux; j'établirais la liaison naturelle
des faits à leurs causes, et j'offrirais ainsi le
tableau de la science de la nature et de la
science de l'homme dans l'ordre de l'analyse.

Voilà la seule marche naturelle, et ce
n'est pas celle qu'on a suivie.

De toutes les classifications qu'on a ima-
ginées, on doit distinguer celle de M. *Lencelin*, qui a pour titre : *Introduction à l'analyse des sciences.* (1801). Dans cet ouvrage,
M. *Lencelin* considère la nature de très-
haut. Il ne la plie point à tel ou tel système;
il ne la resserre pas dans les bornes de telles
ou telles facultés; il cherche à la voir telle
qu'elle est en elle-même; il la décompose,
comme on décompose un corps quelconque.
M. *Lencelin* procède du *composé* au *simple*; et, dans son vaste plan, on peut dire
qu'il a porté l'analyse dans l'analyse même.

Quoique ce point de vue soit l'inverse de celui sous lequel j'envisage la nature ; quoique, ainsi que tous ceux qui l'ont précédé et suivi, M. *Lencelin* n'ait pas établi la liaison de l'homme avec ce qui l'entoure, la liaison ou la dépendance mutuelle de ses facultés physiques, intellectuelles et morales avec le monde extérieur ; en un mot, quoiqu'il n'ait pas démontré les *rapports du physique et du moral* (démonstration sans laquelle l'homme n'a pas compris la nature et son auteur, et ne s'est pas compris lui-même), je ne pouvais manquer de signaler cet ouvrage comme un de ceux qui portent le plus de lumière sur l'ensemble de nos connaissances.

COMMENT SE FORMENT EN NOUS LES IDÉES DE RAPPORT.

Après avoir montré les grandes divisions de cette *classification*, je dois exposer clairement les principes qui m'ont guidé. Je le dois, parce qu'ils feront mieux sentir la nécessité de suivre dans l'étude des sciences la méthode qui procède du *simple* au *composé.* Je le dois encore, parce qu'il est utile de démontrer qu'en morale, comme en physique, il y a des bases inamovibles ; que les *droits* et les *devoirs* se déduisent de la nature de l'homme, et sont déterminés par elle, comme les phénomènes physiques sont déterminés par les propriétés de la matière ; qu'en un mot, la *morale* est une science exacte, et qu'elle est susceptible de démonstrations rigoureuses. Je vais plus loin : je dis que ses principes sont clairs et sensibles, et peuvent être mis à la portée de tout le monde sans aucune obscurité. S'il en était autrement, la morale ne serait pas une science.

Les propriétés des êtres et leurs rapports sont antérieurs à toute action, comme à toute observation de notre part. *Avant qu'on eût tracé un cercle les rayons étaient égaux*, dit Montesquieu; avant toute action, ces rapports étaient possibles; de même qu'avant toute loi positive, les rapports d'équité, de justice étaient dans les êtres moraux. Nous sommes nés avec la faculté de saisir ces rapports; c'est-à-dire que le créateur ayant assigné des facultés à l'homme et des propriétés à chaque corps, a établi une corrélation réciproque entre les unes et les autres, et a placé dans le nombre et l'étendue de chacune d'elles la limite du possible. Il y a donc incontestablement une relation préexistante entre le monde extérieur et nos facultés physiques et morales. Nier cette cause finale, serait nier l'existence de l'ordre établi dans l'univers. Cela posé (et il me semble qu'il est inutile de donner plus de développemens à ces idées), il en résulte que nos organes internes et externes, et les fonctions auxquelles ils sont propres, sont les moyens que la nature nous a donnés pour arriver à la connaissance de ce qui est, de la vérité. On pourrait dire même que tout ce qu'ils nous découvrent est de certitude absolue, à moins que l'on ne supposât que le créateur a établi de faux rapports entre le monde extérieur et nous; ce qui n'est pas soutenable.

Quoi qu'il en soit de cette dernière observation, qui rappelle les vaines disputes de l'école, nos sens ne nous transmettent point les images de l'essence des choses; ils indiquent simplement les rapports qui existent entre les choses. Les idées ne sont pas même, comme on le dit vulgairement, des images des choses, mais de vrais jugemens; c'est-à-dire des perceptions, ou des distinctions de rapports, ou, si l'on aime mieux, des *sensations comparées*, comme l'a dit Buffon.

Après avoir lu avec attention dans l'admirable *Cours de Philosophie* de M. Laromiguière ce qui est relatif à cet objet, j'avoue que je persiste à penser que la *sensation*, la *perception*, le *jugement*, et même l'*attention*, sont des opérations simultanées de notre esprit, et non des opérations successives; ou plutôt qu'elles sont une seule et même opération. En effet, tout dans la nature n'ayant d'existence pour nous que dans les rapports, et nous-mêmes n'ayant d'idées des choses que par les rapports établis originellement entre ces choses et nous, il en résulte qu'une impression isolée n'est rien pour notre esprit; qu'elle ne devient quelque chose que par la *comparaison* que nous en faisons avec une autre impression. Il en résulte que l'être qui ne serait doué que d'un organe ou d'un sens unique, n'aurait point d'idées, parce qu'il ne pourrait saisir aucun rapport. Ainsi, *sentir* c'est tout-à-la-fois être *attentif*, *percevoir* une différence ou une analogie, *comparer* et *juger*. Le *raisonnement* est aussi une opération de notre entendement, opération qui consiste à tirer une conséquence, un inconnu de la comparaison de deux objets; c'est le résultat de l'action de juger. En définitif, *juger* et *raisonner* sont donc les seules opérations distinctes de notre esprit.

Sentir des rapports, en déduire des conséquences qui sont elles-mêmes de nouveaux

rapports, tels sont nos moyens de connaître;
telle est toute notre faculté de penser ; telle
est même toute notre existence. Anéantissez,
en effet, par la pensée ce qui existe autour
de l'homme, ou simplement ses relations,
l'homme n'est plus rien : sa vie elle-même
n'est donc qu'un certain ensemble de rapports.
Les qualités des choses ne sont existantes et
distinctes pour nous que par leurs différences
ou leurs analogies ; ces qualités se manifes-
tent à notre organe intellectuel par le moyen
des sens externes, qui ne sont ainsi que des
instrumens de communication ; l'organe intellectuel, ou l'entendement, perçoit ces
qualités, et de cette perception ou distinction résultent les idées. Viennent ensuite
les mots, qui sont les étiquettes des idées.
Une idée étant donc un *rapport perçu*, il
s'ensuit qu'un mot ne peut et ne doit être que
l'expression ou l'annonce d'un rapport quelconque.

Puisqu'une sensation isolée, ou un mot
qui n'indique pas un rapport, n'est rien pour
l'esprit; puisque ce n'est que par la comparaison que cette sensation devient une qua-

lité, une chose réelle, une idée, puis un mot, il en résulte qu'on ne peut donner de définition d'une cause ou d'un fait pris isolément et en lui-même; car définir c'est énoncer des rapports, c'est analyser, c'est décomposer. Pascal l'a bien senti quand il a dit que nous ne pouvions avoir d'idées que des choses *qui ont un rapport à nous* (1). On ne peut, par exemple, définir le principe de vie ou l'âme, Dieu, l'être en général, l'élément, etc., parce qu'ils n'ont point d'analogues dans la nature, ou du moins que nos organes ne leur en découvrent point. S'amuser à faire des définitions de mots semblables, c'est faire des signes de signes, et rien de plus. Par exemple, des mots *sensibilité*, *intelligence*, *activité*, on a fait le mot *vie*, et l'on ne s'est pas aperçu que ce n'est là qu'une expression abrégée et arbitraire, comme le mot *trois* est le collectif qui exprime les mots *un*, *un*, *un*. Vouloir appliquer une idée ou une chose particulière à ce mot *trois*, c'est là l'erreur, et l'on peut dire la source la plus

(1) *Pensées de Pascal.*

féconde de nos méprises et même de nos disputes.

Je n'insisterai pas davantage sur ce point, car je n'ai pas le projet de faire ici un traité d'idéologie; traité qui, du reste, si l'on voulait s'en tenir à ce qu'il y a de vraiment utile en cette matière, pourrait se réduire, ce me semble, à un petit nombre de notions, et à quelques explications assez simples.

Soit que l'on analyse, soit que l'on synthétise, ce sont toujours des rapports qu'il faut étudier. Voilà ce qu'il me suffit d'avoir établi.

DES PRINCIPES EN GÉNÉRAL.

Il est bien essentiel de ne se pas méprendre sur le sens qu'on doit attacher au mot *principe*. Des propositions générales, des résultats généraux, l'expression la plus abrégée d'un certain nombre d'idées, reçoivent communément le nom de *principes*. Il faut signaler encore cette erreur comme l'une de celles qui portent le plus de trouble et d'obscurité dans les sciences; car elle tend à nous faire prendre pour le commencement des choses ce qui en est la fin, et souvent ce qui n'est rien du tout. Les principes sont dans les propriétés, dans la cause des premiers rapports des choses; ils sont à nos connaissances ce que la force motrice est aux corps. Les chimistes, les physiciens ne se sont point abusés sur le véritable sens de ce mot : ils l'ont toujours bien entendu ; seulement les chimistes devraient peut-être faire mieux sentir la différence qu'il y a entre les *élémens* ou les corps simples, tels que l'or, le carbone, le fer, etc., et les *principes*, ou les forces qui mettent les élémens en action, qui les combinent, et produisent tous les phénomènes qui se passent dans le grand laboratoire de la nature. Cette distinction me paraît tout-à-fait essentielle.

Les métaphysiciens, les moralistes n'ont pas été, à beaucoup près, aussi heureux sur l'emploi qu'ils ont fait de ce mot; aussi comme ils se sont disputés! N'ayant pas un point de départ bien marqué, ils ont marché sans boussole au gré de leur imagination ; et il est clair qu'ils devaient se heurter. L'abus a été si grand, on a mis tant de faux principes en avant, qu'enfin il n'a plus, pour ainsi dire, été permis d'invoquer l'autorité des *principes* sans s'attirer de fâcheuses préventions. C'est aussi par le même abus que le mot *théorie* est tombé fort injustement dans une déchéance presque complète.

Cependant les *principes* sont les causes, les forces inhérentes à la matière. En morale comme en physique, ils sont la raison

des choses, ils sont les premiers rapports
que le créateur a établis entre les êtres ; ou,
ce qui serait peut-être plus exact, ils sont
les qualités primitives, fondamentales, source
de tous les rapports possibles : ils sont donc
les sciences elles-mêmes ; car tout ce qui
n'est pas *principe* n'est que conséquence du
principe, ou n'est rien. C'est ainsi que
toutes les mathématiques sont dans les premières règles de l'arithmétique et dans les
propriétés de l'étendue ; que toute la mé-
canique est renfermée dans les lois du levier,
l'astronomie dans les lois de l'attraction, la
science économique dans la valeur des choses, la morale et la politique dans les facultés primitives de l'homme, c'est-à-dire dans
sa physiologie, etc.

Si l'on s'engage dans les détails d'une
science quelconque sans partir d'un *principe,*
on pourra exercer sa mémoire, mais à coup
sûr on n'exercera pas sa raison, ou si l'on en
fait usage, on la faussera ; car raisonner n'est
autre chose que déduire des conséquences
d'un *principe.* C'est en y recourant que l'on
assure ses raisonnemens, comme c'est en re-

gardant le ciel qu'un pilote assure sa marche. « Tout le monde, dit l'abbé Fleury dans
son *Traité des Etudes,* ne voit pas la nécessité de remonter jusqu'aux *premiers principes,* parce qu'en effet il y a peu de personnes qui le fassent. La plupart des hommes
ne raisonnent que dans une certaine étendue, depuis une maxime que l'autorité des
autres ou leur passion a imprimé dans leur
esprit, jusqu'aux moyens nécessaires pour
acquérir ce qu'ils desirent. » Il y a une
grande vérité renfermée dans ces paroles. Je
ne saurais mieux faire, quand j'ai à dire ce
que d'autres ont déjà dit, que de citer leurs
propres expressions. Ainsi le sage Rollin
ajoute à la pensée de l'abbé Fleury : « Le
véritable savant, le véritable philosophe va
plus loin, et commence de plus haut ; il ne
s'arrête ni à l'autorité des autres, ni à ses
préjugés ; il remonte toujours jusqu'à ce qu'il
ait trouvé un *principe* de lumière naturelle,
et une vérité si claire, qu'il ne la puisse ré-
voquer en doute. Mais aussi, quand il l'a
une fois trouvée, il en tire hardiment toutes
les conséquences, et ne s'en écarte jamais :

de là vient qu'il est ferme dans sa doctrine
et dans sa conduite, qu'il est inflexible dans
ses résolutions, patient dans l'exécution,
égal en son humeur, et constant dans la
vertu (1). »

(1) *Traité des Etudes.*

PRINCIPES

DES SCIENCES PHYSIQUES.

Les rapports des molécules, ou les propriétés dont elles jouissent et en vertu desquelles elles se combinent, sont l'objet le plus intéressant qui puisse être offert à l'attention des hommes. S'ils parvenaient à avoir une connaissance parfaite de ces petits corps élémentaires, de leurs propriétés, ou des forces qui les font agir, il est à présumer qu'ils auraient le secret de la nature; car c'est là qu'est tout le mystère. C'est dans les molécules que le créateur a semé les germes de la vie, les principes de tout mouvement, de toute combinaison; c'est sans doute dans les molécules impalpables des corps qu'il a caché toute sa puissance.

Mais ce n'est point à rechercher la nature des premières causes que nous devons nous appliquer, cette recherche serait vaine. Nous n'avons et nous ne pouvons avoir aucune idée des premiers principes, ou des propriétés considérées abstractivement et en elles-mêmes ; nous n'avons d'idées que de leurs effets immédiats. Nous ne savons pas pourquoi telle molécule s'allie à telle autre ou la repousse ; nous savons seulement le fait matériel ; et c'est à l'observation du plus grand nombre possible de faits que nous devons donner tous nos soins. Ainsi nous remarquons que deux molécules se précipitent l'une vers l'autre, et nous disons qu'il y a en elles une force, une propriété attractive, un *principe d'affinité*. Nous remarquons que cette affinité est obligée, à l'égard des molécules de même nature, de vaincre une résistance, et nous appelons cette résistance force ou *principe de cohésion* ; d'autres agens impondérables paraissent s'opposer plus ou moins à l'affinité, et modifier son action, et nous nommons ces agens *principes de caloricité, d'électricité, de magnéticité,* etc.

Ce n'est pas seulement à l'égard des molécules que nous rencontrons des bornes si prochaines : pourquoi ce corps tombe-t-il ?

c'est parce qu'il y a un *principe de gravitation* ; pourquoi mon cerveau combine-t-il des idées ? c'est parce qu'il y a en moi un *principe* ou une *faculté pensante*.

Nous ne pouvons pas aller plus loin.

Il y a ainsi dans la nature quelques causes premières, en petit nombre, qui sont la source de tous les effets possibles. Quand nous avons observé une certaine quantité de faits analogues qui se reproduisent à-peu-près de la même manière, et selon les mêmes lois, alors nous les rapportons à une source commune, que nous appelons *cause générale,* ou *principe.*

Ainsi il y a autant de *principes* qu'il y a d'ordres de faits, de groupes de faits analogues ; ou, ce qui est encore identique, il y a autant de *principes* qu'il y a de rapports différens dans la nature.

Grouper, classer les faits qui appartiennent à telle cause, à tel *principe,* c'est former telle ou telle science ; une science n'est, par conséquent, qu'un assemblage de faits analogues rapportés à une cause, à un principe commun.

En physique, les *principes* sont dans les propriétés qui donnent naissance à toutes les actions, à tous les phénomènes qui se passent à l'occasion des *masses*.

Dans l'organisation des êtres vivans, il y a des *principes* d'un ordre plus délié ; les phénomènes sont difficiles à observer et à rattacher à leurs causes respectives. C'est ici que la connaissance des propriétés des molécules et de leurs actions réciproques est d'un grand secours : quand l'économie animale, par exemple, se dérange, c'est alors qu'il faut savoir opérer des combinaisons propres à rétablir l'ordre naturel. Cela suppose qu'on a préalablement une connaissance parfaite de la nature et de la composition de tous les élémens de l'être vivant et sain. Cette connaissance est l'objet de la *physiologie*. La connaissance des changemens, des aberrations qui surviennent dans l'état de l'être organisé vivant, est l'objet de la *pathologie*.

Le cerveau humain a des propriétés plus déliées encore que toutes celles dont nous venons de parler. Il s'exerce, il agit d'après des lois beaucoup plus difficiles à reconnaître que les lois ordinaires de la matière. Il ne s'agit plus de combinaisons de molécules, d'affinité, de gravitation, ou de tout autre principe dont les effets se calculent, se mesurent ; il s'agit de la *pensée*, de *l'intelligence*. Cependant, disons-le sur-le-champ ; de même que dans les autres sciences, nous remarquons ici des phénomènes qui, quoique purement intellectuels, n'en sont pas moins susceptibles d'être distingués, d'être classés, d'être rattachés à des *principes* ; car, dans les êtres doués d'intelligence, les *principes* sont dans les facultés de l'âme, facultés dont la manifestation s'opère régulièrement par le moyen d'organes matériels.

L'homme, de même que les corps inorganisés, ne peut pas changer le principe de son existence, ni détourner le but de sa création. Ses facultés intellectuelles et morales cherchent à se mettre en rapports avec les objets qui l'environnent, et qui eux-mêmes ont été créés pour cette fin.

Il recherche les objets qui sont en rapports avec ses *facultés intellectuelles*, il les applique à ses besoins, et il fonde ainsi les *arts*.

C'est parce qu'on n'est pas remonté à l'origine des choses, qu'on a prétendu que les
arts étaient le fruit de *l'imagination*, du gé-
nie. Nous ne créons rien ; il y a des rapports
éternels ; notre instinct nous conduit à la découverte de ces rapports, et nous les consta-
tons. *Inventer*, c'est découvrir ce qui est ;
imaginer, créer, c'est en faire l'usage auquel
il est propre, c'est imiter. D'ailleurs on n'a
qu'à s'en tenir au sens primitif des mots, à
leur étymologie, et l'on se trompera rare-
ment. On ne remarque peut-être pas assez
combien, en général, les langues des peuples
civilisés, et particulièrement la nôtre, sont
bien faites.

L'homme recherche les êtres qui ont des
rapports avec ses *facultés morales* ; il fait son
bonheur en établissant ces rapports qui sont
réciproques, et il fonde la *morale* et la *législ-
lation*. C'est parce qu'on n'est pas remonté
à l'origine des choses, que l'on a cru que la
morale et les lois pouvaient être arbitraires.
S'il en était ainsi, elles ne seraient pas fondées sur les rapports que Dieu a établis entre
les hommes, c'est-à-dire sur leurs facultés.

sur leurs besoins, et alors elles feraient in-
failliblement le malheur des individus et des
sociétés.

J'en ai dit assez sur les principes des sciences
physiques : cette matière est connue et a des
méthodes sûres. Je ne pense pas qu'il en soit
tout-à-fait de même de la *morale*. Je me per-
mettrai donc de donner à mes idées des développemens qui pourront peut-être jeter
quelque lumière sur cette science. Je croi-
rais avoir beaucoup fait si je parvenais à démontrer, ou seulement à faire concevoir la
possibilité de démontrer que la morale a des
principes fixes et évidens, des bases certaines,
comme les sciences physiques.

PRINCIPES

DES SCIENCES MORALES.

Origine des Droits et des Devoirs.

L'homme ayant été créé en rapport avec les choses extérieures (1), et faisant ainsi partie des *harmonies de la nature,* tend sans cesse à se mettre en relation avec ces choses. Ces relations s'établissent par l'intermédiaire des sens externes. Ceux-ci, sollicités par l'activité, par le *besoin* des organes internes, ou législatifs, entrent en action, et satisfont ce *besoin* en lui communiquant des impressions.

Ce sont ces besoins qui sont la source des

---

(1) On trouvera peut être que je reviens souvent sur cette idée ; mais, dans le but que je me propose, je crois qu'il est utile de rappeler le principe toutes les fois que j'en tire de nouvelles conséquences.

3

sciences morales. L'homme physique et les propriétés de son être étant donnés, les lois de la morale seront données elles-mêmes ; ce n'est plus qu'une affaire de simple déduction. Ainsi, après avoir étudié ses *facultés,* et par conséquent ses *besoins,* il faut rechercher quels sont ses *moyens* pour y satisfaire. FACULTÉS, BESOINS, MOYENS, voilà tout l'homme.

Des besoins, comme conséquence nécessaire de l'exercice des facultés, naîtront les *droits ;* des moyens, ou mode de cet exercice, naîtront les *devoirs.*

En physique, on constate les rapports de *quantité,* d'où résultent les différentes branches de cette science. En *morale,* il faut constater les rapports de *besoins,* et il en résultera toutes les diverses applications de cette science à l'état social.

Dans l'une on a la *vérité* pour but ; dans l'autre, le *bonheur,* qui est aussi la vérité. Des deux côtés les lois sont invariables. La morale est une science exacte, parce qu'elle est établie sur des élémens certains, sur des rapports primitifs, sur des facultés, sur des besoins, enfin sur des *droits* et des *devoirs* réels et faciles à établir; parce qu'elle a pour objet des actions réelles, et le plus souvent des intérêts calculables.

Ce qui a fait mettre en doute son infaillibilité, c'est surtout l'ignorance où l'on a été pendant si long-temps de la véritable nature de l'homme. Ce n'est pas que les philosophes, qui de tous temps se sont occupés de la recherche des principes de la morale privée ou publique, n'aient bien reconnu la nécessité d'aller d'abord à la découverte des lois qui président à la manifestation de la raison humaine. Chaque philosophe, chaque moraliste a donc fait sa théorie de l'homme : mais depuis Aristote jusqu'à Loke, tous fondèrent cette théorie sur des hypothèses métaphysiques plus ou moins ingénieuses; aucun ne rattacha la science morale au point fixe de l'organisation. C'est aux physiologistes modernes qu'est réservé cet honneur. *Cabanis* est, de tous ceux qui se sont occupés de cette importante matière, celui qui a le mieux fait sentir les *rapports du physique et du moral de l'homme.* « C'est principalement, dit-il, » pour les idées relatives à la morale publi-

» que, qu'il devient essentiel de connaître,
» jusques dans leurs élémens les plus déliés,
» le mécanisme des procédés de l'intelli-
» gence, celui des passions, et toutes les cir-
» constances qui peuvent altérer ou modifier
» leurs mouvemens..... C'est surtout en re-
» montant à la nature de l'homme, c'est en
» étudiant les lois de son organisation, et les
» phénomènes directs de sa sensibilité, qu'on
» voit clairement combien la morale est une
» partie essentielle de ses besoins... C'est en
» considérant à leur source les passions même
» qui l'éloignent le plus loin de son but,
» qu'on se convainc à chaque instant davan-
» tage que pour le rendre meilleur il suffit
» d'éclairer sa raison, et qu'être honnête
» homme est le premier et le plus indispen-
» sable caractère du bon sens. »

De ces notions, pleines de profondeur et de clarté, il résulte que faire connaître les facultés de l'homme, c'est indiquer en même temps les règles qui doivent diriger sa vie et assurer son bonheur dans toutes les positions où ses rapports avec ses semblables peuvent le placer.

Des écrivains respectables prétendent que la recherche et l'analyse des sentimens tend à dessécher le cœur humain, à désenchanter notre esprit, et par conséquent à nous rendre malheureux. Il me semble, au contraire, que la découverte des élémens les plus déliés de notre sensibilité ne peut qu'étendre le cercle de nos affections en l'éclairant, et que la connaissance des principes, qui réduit quelquefois une science à une seule loi, à une seule idée, et même à un seul mot, ajoute singulièrement aux richesses de l'esprit, parce qu'elles le placent aux sources d'où découlent toutes les vérités ; parce qu'elles lui donnent la facilité de saisir des rapports qui sans cela paraissent être les plus divers, les plus opposés. L'analyse des sentimens ne dessèche pas plus le cœur, que l'analyse des idées ne tarit les sources de l'intelligence. Serait-ce détruire la morale que de mettre ses fondemens à découvert ? Serait-ce détourner l'homme de la vertu que de l'y conduire par le chemin de la vérité ? Une pareille doctrine me semblerait bien étrange ; et quelque respect que doive inspirer le nom de Fontenelle, je ne puis dissimuler ce que je pense de son mot sur la *vérité*, mot trop souvent répété avec l'air de l'admiration, et qui n'est à mes yeux qu'un véritable blasphême, ou tout au moins qu'une grande erreur. N'est-ce pas calomnier, outrager l'auteur de toutes choses, l'auteur de la vérité elle-même, que de prétendre qu'il est des vérités dangereuses? J'en crois bien mieux Socrate, qui nous dit : *Il n'y a qu'un mal, c'est l'ignorance; qu'un bien, c'est la science;* et Montaigne, qui, traduisant la même pensée dans son style naïf, répète : *Tout vice est issu d'ânerie.*

Ah! sans doute si, dans l'analyse de nos facultés, de nos sentimens, on établissait, à l'exemple des épicuriens, de Hobbes, d'Helvétius, de Bentham, que la morale n'est fondée que sur notre *intérét*, sur le principe d'*utilité*, et par conséquent sur l'*opinion*, je conviens, et j'en suis très-persuadé, que l'on enseignerait une doctrine qui flétrirait le cœur humain. Mais pourquoi cette doctrine serait-elle pernicieuse? c'est précisément parce qu'elle est une erreur. Pour le démontrer, sans m'engager dans une discussion que je ne veux point suivre ici, je me contenterai de répéter encore, après le plus sage des hommes, que *le premier qui distingua l'utile de l'honnête fut un homme exécrable.*

Le livre qui renfermerait la nomenclature exacte des facultés de l'homme, serait le premier, le plus précieux de tous les livres ; il serait l'accomplissement de ce précepte sublime qu'on lisait sur la porte du temple de Delphes, *Nosce Te ;* précepte, nous dit Cicéron, qu'on n'a pas cru devoir, et avec raison, attribuer à un homme, mais au dieu de Delphes lui-même.

Sans doute on ne doit pas s'attendre à trouver ici le tableau complet des facultés humaines ; c'est aux physiologistes à remplir cette tâche ; c'est déjà, de ma part, oser beaucoup, que d'indiquer un point de vue nouveau, une méthode qui semble devoir faciliter l'étude des sciences en général, et notamment celle de la *morale* et de la *législation.*

Les besoins de l'homme étant la conséquence nécessaire de l'exercice de ses facultés, il s'ensuit que la manifestation d'un besoin est toujours l'annonce infaillible de l'existence d'une faculté intérieure correspondante, comme il l'est aussi de l'existence d'objets extérieurs analogues et propres à y satisfaire.

Ce besoin peut être excité par une faculté particulière, comme il peut être le résultat de l'action simultanée de deux, de plusieurs facultés, ou même de l'ensemble des phénomènes de l'organisation toute entière. Cette distinction rentre dans le domaine de la physiologie et de l'idéologie. Quant à nous, dont le but est ici l'étude de la morale et des élémens de la législation, il nous importe peu que tel besoin dérive d'une faculté radicale ou d'une faculté complexe; l'essentiel est de constater ce besoin, en montrant qu'il est bien le résultat de notre nature, et non de conventions ou de circonstances accidentelles, et que ce serait contrarier, changer, ou même détruire cette nature, que de résister à ses impulsions.

Origine de la Propriété.

LE premier, le plus impérieux des besoins de l'homme, celui auquel se porte son instinct, avant même qu'il ait commencé à avoir un sentiment distinct de conscience ou de volonté, avant qu'il ait l'idée du *moi*, est celui de sa nourriture. Le besoin de sa sûreté vient après. Ces deux besoins donnent naissance à tous les genres d'industrie qui se rapportent à nous ; ils nous sollicitent à nous mettre en relation avec tous les objets qui sont *propres* à y satisfaire. Nous recherchons ces objets, nous nous les *approprions ;* et c'est là que commence pour nous le premier sentiment, la première idée de *propriété.*

Puisque le Créateur nous a doués de certaines facultés, et qu'il a fait dépendre notre existence de leur exercice, il est clair que c'est aussi lui qui a fixé nos *droits ;* car ils sont dans l'exercice libre de ces mêmes facultés. Ainsi la *propriété* est un *droit* inhérent à notre nature.

Mais si le Créateur a fait l'homme propriétaire en naissant, s'il a fondé ses *droits* sur l'exercice de ses facultés, il en a posé la limite par rapport à nous-mêmes : tout ce qui peut nous nuire, c'est-à-dire tout ce qui détourne ou anéantit les rapports, les conditions de notre existence, nous est défendu; nous devons nous en abstenir; et c'est là que commence pour nous le *devoir,* qui, comme on le sent, est toujours inséparable d'un droit correspondant.

S'il a voulu que le bonheur de l'homme fût attaché à l'exercice de ses *droits,* il a voulu aussi, dans son infinie sagesse, que le malheur fût la suite de l'infraction des *devoirs*. Il nous a donc investis de la *liberté morale,* c'est-à-dire du pouvoir de délibérer, de choisir, de nous déterminer par des motifs (1); et c'est là qu'est le principe de toute moralité. Ensuite il a voulu que la douleur suivît l'intempérance, que le remords accompagnât le vice.

(1) Après tous les volumes qui ont été écrits sur la *liberté,* il me se semble qu'il faut en revenir à l'étymologie : liberté vient de *libra,* qui signifie *balance.* Ainsi la liberté consiste à balancer les motifs, à délibérer, à choisir.

Telles sont les premières lois qui régissent l'espèce humaine ; telle est la loi pénale portée par Dieu lui-même.

Ces idées sur la *propriété* ne ressemblent guères à celles qui en font remonter l'origine à la *conquête*. La raison ne reconnaît point de droit de conquête ou de droit du plus fort : les vols, les brigandages, les trahisons, les massacres ne peuvent jamais autoriser l'établissement d'un droit ; ils sont le contraire du droit, qui se fonde sur l'exercice de telle faculté naturelle, et sur le respect des droits d'autrui. On peut dire que presque tous les faux systèmes en politique dont Grotius, Puffendorf, Hobbes et leurs nombreux imitateurs ont inondé le monde, ont été produits par les idées erronées qu'on s'est faites de la *propriété*. Une fois qu'on a eu adopté un faux principe, il est clair qu'en raisonnant juste, on a dû tirer des conséquences contraires à la vérité et à la morale.

Bentham, de son côté, dans son *Traité de législation*, qui renferme d'ailleurs tant de choses utiles, est venu dire : « La propriété et

» la loi sont nées ensemble, et mourront en-
» semble. Avant les lois, point de propriété.
» Otez les lois, toute propriété cesse. » Cette
erreur, professée par d'autres juristes, est
aussi la conséquence du principe d'où Bentham est parti. Il prétend qu'il n'y a point
de *loi naturelle*, point de *droit naturel;*
que tout ce qu'on entend par ces mots est le
résultat des conventions des hommes; que
tout est arbitraire. On sent où conduisent de
pareilles idées C'est là la doctrine des épicuriens, de Hobbes, d'Helvétius, que nous
avons déjà eu occasion de signaler; en revan-
che, ce n'est pas celle de Confucius, de Socrate, de Cicéron, de Bàcon, de Loke, de
Montesquieu, et de tous nos grands moralistes chrétiens.

Mais le Créateur n'a pas placé l'homme
sur la terre pour y vivre en solitaire : partout
où l'on trouve un homme, on trouve avec
lui un père, une mère, des frères. Dieu a
établi entre eux des rapports d'amour, d'affection, de reconnaissance. Il a donné au
malheureux habitant de la Nouvelle-Zélande,
comme à l'Européen, une sympathie natu-

relle, la faculté et le besoin d'aimer, d'être compatissant; il a associé leur sort; il les a enchaînés les uns aux autres par des rapports nécessaires, par des liens qui, s'ils se rompaient, détruiraient leur bonheur, et jusqu'à leur existence. Il a lié les hommes par des sentimens de bienveillance, par le besoin de secours et de services mutuels. En un mot, le Créateur a calculé chaque individu de l'espèce humaine pour l'ensemble de la société.

A la vie individuelle l'homme joint donc encore une vie relative, d'où naissent de nouveaux *besoins*, de nouveaux *droits* par conséquent; mais ces droits sont respectifs : ils sont donc la source de nouveaux *devoirs;* et ici les droits d'un individu ont pour limite les droits mêmes de son semblable : ses devoirs sont donc dans le respect des droits d'autrui.

La nature ayant organisé les hommes sur le même plan, les a, à quelques nuances, à quelques exceptions près, doués des mêmes facultés, des mêmes besoins. Elle les a fait semblables, quoique non pareils. Dans tous les cas, elle leur a donné, sans distinction, le desir, la volonté d'un côté, l'activité de l'autre, et par conséquent une pleine *liberté* de satisfaire leurs besoins. Sans cette liberté, en effet, le but de la création à cet égard serait manqué. La nature a donc créé leurs *droits égaux*, elle leur a donc imposé les *mêmes devoirs*. Nous reviendrons sur cette idée fondamentale quand nous parlerons de l'égalité civile.

Les familles se sont unies pour leurs avantages mutuels; la société s'est formée; le corps politique s'est étendu; les rapports se sont multipliés, et les droits et les devoirs avec eux.

Le Créateur, en nous destinant à cette vie sociale, n'a point voulu que nous changeassions de nature, que nous perdissions notre *liberté originelle*, qui consiste dans l'indépendance de nos facultés et de leur exercice, dans l'usage de tous nos *moyens*. Mais comme il a donné à chacun une égale indépendance, le premier précepte qui en résulte, c'est que *Nous ne devrons pas faire à notre prochain ce que nous ne voudrions pas qu'il nous fit.* Outre ce précepte, fondé sur l'intérêt personnel, il a placé dans nous une sentinelle infaillible, *la conscience,* qui nous avertit de ce qui est *bien* et de ce qui est *mal,* de ce qui est *honnête* et de ce qui est *déshonnête,* de ce qui est *juste* et de ce qui est *injuste.* C'est là-dessus que repose la *loi de nature,* précieuse émanation de la raison souveraine, que saint Augustin appelle la *loi éternelle,* loi de sentiment dont le cœur fait en nous la promulgation.

Ces mots de *juste* et d'*honnête,* ou plutôt les choses qu'ils représentent, ne sont point de convention; ce ne sont pas là de simples établissemens humains, sagement imaginés par une politique adroite pour s'opposer au désordre des passions : la connaissance que nous en avons dépend d'un sentiment inné, d'un jugement indélibéré, d'une organisation et de facultés qui sont le plus bel apanage de l'espèce humaine. Eh quoi! serait-ce, comme le disent certains philosophes malheureusement trop en crédit, serait-ce dans *l'intérêt,* dans le *plaisir* ou la *douleur* accidentels que la bienfaisance, la pitié, le dévouement,

que la vertu, en un mot, prend sa source?
non; elle vient de plus haut. Nous sommes
nés pour elle; car nous lui sacrifions notre
intérêt personnel; car nous souffrons, nous
faisons abnégation de nous-mêmes pour elle.
Le germe de la vertu a été mis dans nous
en même temps que nous avons été animés
par le souffle divin. Ce germe précieux se dé-
veloppe à notre insu, et nous sommes bons,
compatissans, humains avant même d'avoir
pu comprendre que les sentimens de bonté,
d'humanité sont les seules sources véritables
de la félicité.

La morale est une conséquence de la nature de l'homme, comme *l'étendue* ou le
mouvement est une propriété générale de la
matière. Toutes les actions qui s'exercent
dans l'univers sont le résultat de propriétés;
ces propriétés étant l'essence même des choses, ne peuvent changer; tout se meut donc
d'après des lois éternelles. Le Créateur a tracé
un cercle dans lequel l'homme se meut,
comme il a tracé les orbites des corps cé-
lestes.

Ainsi, comme le dit Montesquieu, et

comme l'avaient dit avant lui Clarke et le poëte Pope, et, avant eux tous, Plutarque (1) : « Tous les êtres ont leurs lois ; la Divinité a » ses lois, le monde matériel a ses lois, les » bêtes ont leurs lois, l'homme a ses lois. »

En physique, tout dérive des propriétés élémentaires des corps. En morale, tout dérive des facultés primitives qui forment le *droit naturel*. Toutes les lois civiles et politiques ne sont que des applications de ce droit au corps social, comme les arts ne sont que des applications des lois de la physique aux besoins de l'homme. Sortir de là, c'est entrer dans le vague, dans l'erreur ; c'est méconnaître la nature ; c'est, pour ainsi dire, créer le désordre.

(1) « La loi, dit ce dernier, est la reine de tous les mortels » et immortels. »

PRINCIPES

DE LA LÉGISLATION.

De la Loi en général.

Le législateur du peuple le plus ancien de la terre, Confucius, disait, il y a bientôt trois mille ans :

« L'ordre établi par le ciel s'appelle *na-* » *ture ;* ce qui est conforme à la nature s'ap- » pelle *loi ;* l'établissement de la loi s'appelle » *instruction.* » Puis il ajoutait : « La loi » ne peut varier de l'épaisseur d'un cheveu ; » si elle pouvait varier, elle ne serait plus » *loi.* »

Ces paroles devraient servir de texte et de conclusion à tous les traités de législation. On y trouve l'origine de la loi, sa définition, et tout ce qu'elle doit être.

La loi est ce qui est conforme à l'ordre

établi par le ciel... Elle est donc fondée sur les rapports nécessaires qui dérivent de la nature des choses (1) ; elle n'intervient que pour maintenir ces rapports, que pour protéger l'exercice de nos facultés, que pour garantir nos droits naturels.

L'établissement de la loi s'appelle instruction...... Les lois ne doivent donc rien avoir d'arbitraire. Elles ont leur source dans les facultés, dans les besoins, dans les droits originels de l'homme; ainsi le législateur n'invente rien; il ne fait que reconnaître les besoins de l'homme et de la société; il prend la loi dans le dépôt immense de la nature, de la justice, où elle est toute faite, et la *porte*, la présente aux peuples. Remarquons, en effet, qu'on ne dit pas *législfaiteur*, mais bien *législateur*, porteur de loi. C'est donc

(1) Montesquieu a dit : *Les lois sont les rapports nécessaires qui dérivent de la nature des choses.* Cette pensée a donné lieu à de justes critiques : M. de Tracy a très-bien observé, dans son savant *Commentaire sur l'Esprit des Lois*, que *les lois ne sont pas des rapports,* et que *les rapports ne sont pas des lois.* Si Montesquieu eût dit : *Les lois sont fondées sur les rapports,* etc., il aurait énoncé plus clairement une chose vraie, et alors il aurait été d'accord avec Confucius

manquer d'exactitude dans la pensée, comme dans l'expression, que de dire : *Le législateur a voulu….* Pour ne pas être en contradiction avec l'étymologie et avec la raison, on doit dire : Le législateur a reconnu….. etc. Condillac a très-bien observé qu'*une science est une langue bien faite.* Pourquoi tous les mots de notre langue ne sont-ils pas aussi bien faits que le mot *législateur?*

Après avoir cité Confucius, il n'est peut-être pas inutile et hors de lieu d'examiner les principes de Rousseau sur cette importante matière. Ce n'est qu'avec une extrême défiance de moi-même, mais avec une parfaite bonne foi, que je me livre à cet examen. Plus le nom de Rousseau est imposant, et plus le sujet est grave, plus aussi l'on doit tolérer toute discussion franche et loyale. Quelqu'un a dit, je crois, mais avec moins de raison que moi, qu'une vue courte aperçoit quelquefois ce qui a échappé à la rapidité du coup d'œil le plus vaste. Après tout, si je me trompe, le mal ne sera pas bien grand ; il se trouvera assez de personnes bien intentionnées qui me redresseront.

La loi, dit Rousseau, *est l'expression de la volonté générale.* C'est là l'idée mère de son *Contrat social,* idée qui a été reproduite par presque tous les publicistes qui sont venus après lui, et adoptée avec enthousiasme par tous les esprits qui ont cru y voir la base des droits du peuple.

Mon but n'est point d'examiner la nature des conséquences qu'on en tire. Quelles que fussent ces conséquences, si elles découlaient d'un principe vrai, je dirais qu'on doit les reconnaître, et y ramener les hommes; mais j'ose croire que cette définition, ou cette maxime, renferme un sens faux. Toute l'erreur, ce me semble, repose sur le mot *volonté,* dont la signification est trop vague, et présente l'idée d'arbitraire. En effet, on peut vouloir ce qui est mal, ce qui est injuste. D'un autre côté, la volonté de plusieurs peut errer comme la volonté d'un seul. Et puis, comment se manifeste la volonté générale? A cet égard, Rousseau nous avertit qu'il faut que chaque citoyen opine en particulier, et il nous renvoie à Lycurgue, à Solon, à Numa, à Servius, dont les précautions lui paraissent *les seules bonnes pour que la volonté générale soit toujours éclairée, et que le peuple ne se trompe point.* Mais en cela Rousseau n'a pu se dissimuler qu'il proposait une chose impraticable dans nos sociétés nombreuses et toutes formées. Aussi insiste-t-il peu sur ce point, qui est pourtant capital, et sans lequel toute sa théorie s'évanouit.

Par *volonté générale,* on entend la volonté du plus grand nombre. Mais quoi! lorsque le plus grand nombre élève des auto-da-fé, fait-il donc des lois? Quand il porte la dévastation chez ses voisins, est-ce donc en vertu de lois véritables? Les Algériens, qui ont une *volonté unanime et constante* de piller tout le monde, font-ils aussi ce métier conformément à des lois? Non sans doute; car, dit Cicéron, dont l'autorité ici en vaut bien une autre, *la loi est ce qui est juste.* Le consul romain, qu'on n'accusera pas d'être un théoricien, un raisonneur qui se perd dans des abstractions, ajoute : « Une loi perni-
» cieuse ou injuste, sous quelque nom qu'on
» la donne, ne doit point passer pour loi,
» quand même un peuple aurait pu se ré-

(55)

» soudre à la recevoir (1). » Ces paroles peuvent étonner certains esprits, peu habitués à remonter au principe des choses, et à en tirer franchement et hardiment toutes les conséquences; cependant elles ne renferment pas un autre sens que celui qui se trouve dans la belle pensée de Confucius rapportée plus haut : *La loi,* dit ce sage, *est ce qui est conforme à l'ordre établi par le ciel;* la conséquence est toute simple : ce qui est contraire à cet ordre n'est pas la loi. Remarquons qu'en général tous les hommes reconnaissent assez facilement les principes, parce que les principes parlent à la raison, et que la raison est la lumière naturelle. Mais les conséquences ! voilà où l'on ne s'entend plus; parce que les conséquences touchent aux intérêts, aux passions, et que les passions, les intérêts sont aveugles. *Une loi pernicieuse ou injuste, sous quelque nom qu'on la donne, n'est donc pas une loi, quand même un peuple aurait pu se résoudre à la recevoir.* Le chancelier Bacon a dit la même chose : *La loi est supposée éter-*

(1) *De Legibus*

nelle par sa nature; il n'y a que sa manifes-tation qui est nouvelle. Philon, surnommé le Platon juif, s'écrie de son côté : « La vraie loi est non pas cette loi humaine écrite par cet homme-ci, ou par cet autre, sur une pierre inanimée comme elle, mais la droite raison, imprimée et scellée par une nature immortelle dans un esprit immortel. » Les autorités ne nous manquent pas : Rollin, dont le nom est si respectable, s'explique très-clairement à ce sujet : « Les notions du bien et du mal, dit-il (1), du vice et de la vertu, imprimées dans le fond de l'âme par la main du Créateur, *sont le modèle et l'original des lois humaines, qui cessent en un sens de l'être dès qu'elles s'écartent de ce type primitif de justice et de vérité* que les législateurs doivent se proposer dans toutes leurs ordonnances. » Smith (2) dit, en parlant de deux lois qu'il désapprouve avec raison, que ces deux lois sont des violations de la loi naturelle, et que *par conséquent elles sont mauvaises.*

(1) *Traité des Etudes.*
(2) *Richesses des Nations,* liv. 4, chap. 1.er

Il n'y a rien sans doute à ajouter à tout cela. Or, je le demande maintenant, la loi est-elle l'expression de la volonté générale ? Qu'on y prenne bien garde : si l'on persiste à penser que la loi est l'expression de cette volonté, il faut que l'on soit résolu à soutenir, ou que la volonté générale est infaillible, qu'elle est toujours conforme aux besoins de tous, ou bien il faut que l'on soutienne que, toutes les fois que le plus grand nombre exprime une volonté, bonne ou mauvaise, il fait une loi. Mais encore une fois, l'extravagance qui fit bannir le juste Aristide était donc une loi ? La barbarie de nos pères, qui confisquaient les effets naufragés ; la coutume qui permettait qu'on égorgeât même les propriétaires, était donc une loi ? Et, dans cette hypothèse, que répondrons-nous à nos sages qui prétendent qu'*une loi pernicieuse ou injuste n'est pas une loi ?* Leur autorité sera-t-elle pour nous de nulle valeur ?

De tout ce qu'on vient d'entendre, je ne veux pas inférer que la majorité ne puisse faire de bonnes lois ; mais je prétends que la minorité en peut faire aussi, et que même un seul homme peut être législateur. Confucius, Moïse, Minos, Pythagore, Solon, Numa, Guillaume Penn ont pu faire des lois : et qui oserait le nier ?

Mais Rousseau admet qu'il faut un homme pour rédiger les lois, qu'il faut un législateur ; puis il ajoute : *Il faut obliger les uns à conformer leurs volontés à leur raison ; il faut apprendre aux autres à connaître ce qu'ils veulent.* J'avoue que je ne comprends plus une *volonté générale* qui se compose de *volontés qu'on oblige de se conformer à la raison.*

Mais qu'est-ce donc que la loi ?

Je pourrais répéter tout ce que j'ai dit sur les principes de la morale, car les principes de la législation ne sont pas d'une nature différente ; seulement la législation est une application spéciale des premiers au corps social.

La nature suit partout le même plan : ainsi nous avons vu que les principes des sciences physiques étaient dans les propriétés des corps ; nous trouverons de même que les principes de la morale et de la législation sont dans les propriétés de notre être. Ces propriétés sont nos facultés, nos besoins. Ce qui protégera l'exercice des facultés de chacun, ou assurera à chacun la satisfaction de ses besoins, sera donc la loi.

La loi, dans le sens le plus étendu, et abstraction faite de son application, est *l'expression du besoin général*. Dans son application, elle est la règle des droits; elle est ce qui est juste; elle est la limitation du droit de propriété. Toutes ces définitions, qui sont parfaitement identiques, qui sont de véritables équations algébriques, toutes ces définitions n'ont rien d'arbitraire; elles dérivent de la nature des choses. Le *besoin* est positif : il est le résultat des facultés dont l'homme est doué. Reconnaître un besoin, c'est établir le principe d'une loi qui aura tous les caractères d'invariabilité, de raison, de justice voulus par les sages; c'est établir une loi *éternelle par sa nature*, et contre laquelle tout ce qui se fait est nul de droit. Les peuples l'adopteront tôt ou tard; et l'on peut dire que, tant qu'ils ne l'adoptent pas, ils vivent sous un régime provisoire.

Pour avoir de bonnes, de véritables lois, il faut donc étudier les besoins de la société. Pour étudier ces besoins, il faut qu'ils puissent se manifester franchement et hautement : cette condition est indispensable. C'est donc au législateur à écouter attentivement l'opinion publique, à provoquer même l'émission de cette opinion, qui est véritablement la voix de Dieu, qui ne peut être trompeuse, parce qu'elle est l'instinct de la société. C'est aux sages, dis-je, aux législateurs, aux magistrats à recueillir religieusement cette opinion, à comprendre le besoin qu'elle annonce, à constater, à exprimer ce besoin par une loi, à présenter la loi à l'acceptation des peuples.

Quand Solon, qui avait refusé la royauté, donna des lois aux Athéniens, *non les meilleures qu'il avait pu, mais bien de telles qu'ils pussent recevoir* (1), comme il le dit, ou comme on le lui fait dire, pense-t-on qu'il fit autre chose que de les approprier aux besoins de ses concitoyens? Numa, con-

____

(1) *Plutarque*, traduct. d'Amiot.

sultant la nymphe Egérie, consultait-il autre
chose que les besoins du peuple naissant qui
lui demandait des lois? Et quand naguère les
malheureux Polonais invoquaient les lu-
mières de Rousseau et de Mably, deman-
daient-ils autre chose à ces deux grands
hommes que des institutions appropriées à
leurs besoins? Leurs *vœux* étaient d'avoir des
lois qui fussent l'expression de ces besoins;
leur *volonté* était de s'y soumettre. Et, sans
chercher des exemples si loin de nous, quand
Louis XVIII méditait l'immortelle *charte
constitutionnelle*, consultait-il autre chose
que les besoins de la nation dont il était ap-
pelé à faire le bonheur?

Remarquons, en passant, que Solon donna
bien *les meilleures lois qu'il put,* si en effet
il en donna de *telles que les Athéniens pussent recevoir;* car les meilleures sont celles
qui conviennent aux hommes à qui on les
donne; si les besoins changent (et ils peuvent changer, soit avec le climat, soit par
l'effet de l'éducation, du progrès des lu-
mières, ou de circonstances accidentelles),
les lois, pour être toujours bonnes, doivent

changer avec eux. Solon n'avait-il donc pas tort de faire cette distinction?

Mais poursuivons. Pour que la loi soit obligatoire, faut-il que les peuples y donnent leur consentement? Je réponds qu'il faut distinguer ici les lois naturelles des lois civiles. Les premières n'ont pas besoin du consentement des peuples pour être obligatoires, parce que, dit encore Cicéron (1) : « La raison a force de loi, non-seulement du jour qu'elle est rédigée par écrit, mais dès l'instant qu'elle commence à rayonner. » Quant aux lois purement civiles et politiques, qui sont des applications des premières, qui ont besoin du raisonnement pour être déduites, il faut le consentement des peuples sans doute, ou de leurs mandataires, pour qu'elles soient obligatoires ; et c'est là qu'est le *pacte social*, qui a sa base dans la liberté individuelle. Mais remarquons bien que ce consentement, tout libre qu'il est, n'est pas la source, l'origine de la loi ; qu'il ne lui donne pas l'existence ; qu'il ne fait que soumettre les hommes à sa puissance.

(1) *De Legibus*, liv. a, traduct. de d'Olivet

La loi civile elle-même est donc *loi* indépendamment de la volonté des hommes.

Ce n'est point là une subtilité; c'est une vérité que l'on ne peut s'empêcher d'adopter, si l'on reconnaît qu'une loi civile doit être l'expression d'un besoin général quelconque, si l'on reconnaît qu'elle a une cause et un objet déterminés. Si le besoin n'est pas arbitraire, comment la loi serait-elle arbitraire? Si le besoin existe sans que la volonté des hommes y ait part, comment la loi serait-elle l'expression de cette volonté?

De la Souveraineté.

Je suis amené naturellement, par la liaison des conséquences aux principes, à examiner une autre proposition, à l'égard de laquelle il n'est pas indifférent, pour le bonheur des hommes, de se faire telle ou telle doctrine. Il s'agit de la *souveraineté*.

Rousseau a raisonné conséquemment quand il a placé la *souveraineté* dans la volonté qui fait la loi, quand il l'a placée dans le peuple

Je crois raisonner conséquemment aussi quand je la place ailleurs.

Le besoin général étant le principe de la loi, et la loi prescrivant tout ce qui est conforme à ce besoin, il est juste de dire que la souveraineté suit la loi, qu'elle est dans la loi, qu'elle est la loi elle-même. C'est la loi qui veut, qui ordonne : c'est donc la loi qui est souveraine. Sully l'entendait ainsi quand il disait à Henri IV : *Sire, vous avez deux souverains, Dieu et la loi* (1).

Ce ne serait que par une fiction que l'on pourrait dire que le peuple en corps, ou une fraction du peuple, ou un seul homme est *souverain;* ce ne serait qu'en supposant qu'aucun d'eux ne peut avoir une autre volonté que celle de la loi elle-même; ce ne serait qu'en supposant que ce *souverain matériel* est parfaitement identifié avec la loi, que la loi est devenue l'âme de toutes ses actions.

Ce ne serait toujours que par la même fiction que l'on dirait qu'un tel homme *règne*. On a beaucoup disserté pour savoir quelle était

______

(1) *Mémoires de Sully,* 1596. — Péréfixe, 2.e part. de l'*Hist. de Henri IV.*

la véritable signification du mot *régner*, et l'on a fini par ne pas s'entendre. Les uns ont prétendu que *régner c'est choisir*, et ils n'ont donné qu'une définition tout-à-fait incomplète. D'autres ont dit *régner c'est vouloir*, et ils ont défini le despotisme pur. D'autres enfin ont pensé que *régner c'est être juste*. Ceux-ci se sont rapprochés davantage, à mon avis, de la véritable définition; mais comme tout le monde est tenu d'être juste, on sent qu'ils n'ont dit qu'une partie de la chose. Écoutons encore Sully; c'est lui qui va nous apprendre ce qu'il faut penser. *La première loi du roi,* dit-il, *est de les observer toutes* (1). S'il avait ajouté : La seconde *est de les faire observer,* il eût donné la vraie définition que nous cherchons. Régner, c'est donc *obéir* et *faire obéir.*

Mais la loi étant l'expression du besoin général, n'en résulte-t-il pas que la *souveraineté,* en dernière analyse, émane toujours du peuple? Sans doute; et cela ne peut être autrement, le peuple ayant dans lui le principe et la fin de toute institution, de toute

(1) *Mémoires de Sully.*

souveraineté; le principe, puisque ses besoins en sont la base; la fin, puisque tout doit tendre à son bonheur. Mais il y a cette différence entre la doctrine de Rousseau et celle que j'expose, que le peuple, suivant l'une, est livré à sa volonté toute puissante, est *actif,* tandis que suivant l'autre il reste *passif.*

Dans le système de la souveraineté du peuple, que cette souveraineté soit exercée par l'universalité des citoyens, par une fraction, ou même par un seul homme, à quel degré s'arrêtera l'exercice de cette toute-puissance? Suivant Rousseau, la souveraineté n'a pas de bornes; elle s'étend jusqu'à pouvoir priver un citoyen de la vie. Or, d'après cette théorie, un souverain absolu peut disposer légitimement du sort de ses sujets par l'effet de sa volonté seule, en usant de la souveraineté qui lui a été déléguée; car il peut toujours dire, tant qu'il l'exerce, qu'il en est investi légitimement, soit par un consentement formel, soit par un consentement tacite. Rousseau, à la vérité, prétend que la souveraineté ne peut être ni aliénée, ni déléguée, ni représentée. Mais n'est-ce pas là vouloir soutenir à tout prix un système? car enfin le gouvernement démocratique est donc le seul légitime? Hobbes (1), le publiciste des despotes, n'a pas manqué de reconnaître cette souveraineté absolue du peuple; mais, plus conséquent au principe que Rousseau, il ajoute aussitôt, que *le peuple a pu se dessaisir de cette souveraineté en faveur d'un monarque, qui alors en est devenu légitime possesseur.* Cromwel trouva ce raisonnement péremptoire; il s'appliquait à faire croire qu'il émanait de la souveraineté du peuple; il prétendait que le peuple avait abdiqué en sa faveur.

On croira peut-être lever la difficulté en disant que « La souveraineté du peuple n'existe » que d'une manière limitée et relative; qu'au » point où commence l'indépendance et » l'existence individuelle, s'arrête la juridic- » tion de cette souveraineté (2). » Mais quoi! vous placez la souveraineté dans la volonté du plus grand nombre, c'est-à-dire dans la force, et vous prétendez de bonne foi limiter cette force! Ne vous abusez-vous pas bien

(1) *De Cive.*
(2) *Principes de Politique,* par M. Benjamin Constant. 1815.

étrangement et les moyens que vous indiquez pour la limiter ne sont-ils pas de pures illu-sions? Place-t-on des digues contre un torrent ?

Disons-le, tout ce qu'il y a de vicieux dans la société, vient de ce qu'on adopte de faux principes. Il est clair que si l'on place la sou-veraineté dans la volonté de tous, ou de quel-ques-uns, ou d'un seul, elle ne sera autre chose que la force, que l'arbitraire. Toute immoralité vient de là. La souveraineté, au contraire, appartenant à la loi, ne sera autre chose que la justice.

Et, pour parler plus cathégoriquement en-core, je dirai : La volonté générale, ou la souveraineté du peuple, ou la *démocratie pure*, est le despotisme; la volonté de plu-sieurs, ou l'*aristocratie*, est aussi le despo-tisme. Enfin, la volonté d'un seul, ou la *mo-narchie pure*, est encore le despotisme. Il n'y a que l'expression du besoin général, ou la *loi*, qui soit la *souveraineté légitime*.

Les Anglais n'ont pas compris cette vérité, quand ils ont investi leur parlement d'une au-torité sans bornes, d'une souveraineté absolue. Les Américains des Etats-Unis ont mieux raisonné : ils n'ont point admis la souveraineté dans telle ou telle partie de la société; ils ont donné à leurs députés le pouvoir de tout faire, excepté de violer les lois de la nature, dans lesquelles se trouvent la souveraineté permanente et absolue.

Ces vérités, qui me paraissent incontestables, d'une certitude mathématique, sont fécondes en conséquences utiles. Il n'est pas une question de législation ou de politique qu'on ne puisse y rapporter, et sur laquelle on ne jetât une vive lumière en la rapprochant de ces notions simples et fondamentales.

Il serait facile, par exemple, en ne perdant pas ces idées de vue, de déterminer précisément ce que l'on doit entendre par *représentation nationale*. L'on conçoit déjà qu'elle ne doit pas être ce qu'on imagine communément, une représentation des *mandans* par les *mandataires*. Des députés ne doivent pas représenter les personnes qui les envoient : ils doivent exposer, manifester les besoins, représenter les intérêts de tous. Cette distinction est très-importante. Ainsi, les députés devront être pris dans toutes les classes de la société, et choisis parmi les citoyens les plus éclairés ; car s'il en était autrement, c'est-à-dire si l'on n'avait que la représentation d'une classe particulière, ou si les talens et les vertus n'obtenaient pas la préférence, on ne pourrait pas espérer de parvenir à connaître les intérêts, les besoins nationaux ; on ne pourrait donc pas se flatter d'avoir de bonnes, de véritables lois. Il arriverait qu'on aurait l'expression d'un besoin ou d'un intérêt particulier, qu'on fonderait le *privilége*, et qu'on dérogerait ainsi aux lois de la raison et de l'équité. Ce serait là un source inévitable de malheurs à venir; car les sociétés tendent à l'ordre, et le rétablissement comme le renversement de l'ordre ne s'opère que par des déchiremens et des secousses.

On ne sera pas fâché de retrouver ici ce que pense à ce sujet le sage et profond Royer-Collard.

« Il y a, dit-il dans une discussion mé-
» morable (1), il y a deux élémens dans la so-
» ciété ; l'un matériel, qui est l'individu, sa

(1) Discussion, à la Chambre des Députés, sur la loi des Elections. — Séance du 28 mai 1820.

» force et sa volonté ; l'autre moral, qui est
» le droit résultant des intérêts légitimes.

» Voulez-vous faire la société avec l'élé-
» ment matériel? la majorité des individus,
» la majorité des volontés, quelles qu'elles
» soient, est le souverain : voilà la souverai-
» neté du peuple. Si, volontairement ou
» malgré elle, cette souveraineté aveugle et
» violente va se déposer dans la main d'un
» seul ou de plusieurs, sans changer de ca-
» ractère, c'est une force plus savante et
» plus modérée; mais c'est toujours la force.
» Voilà l'origine et la racine du pouvoir ab-
» solu et du privilége.

» Voulez-vous, au contraire, faire la société
» avec l'élément moral, qui est le droit? Le
» souverain est la justice, parce que la jus-
» tice est la règle du droit. Les constitutions
» libres ont pour objet de détrôner la force
» et de faire régner la justice.

» Choisissez maintenant votre souverain. »

Quelques personnes appellent, je crois,
cela des *doctrines obscures*, et ceux qui les
professent des *doctrinaires*. On y donnera le
nom que l'on voudra, mais il n'est pas moins

évident que ces doctrines ne sont obscures
que pour ceux qui ne les ont pas assez médi-
tées, ou qui ne veulent pas ouvrir les yeux.
Avec le temps on y reviendra, parce qu'elles
renferment les principes de vérité morale et
de justice, sans lesquels il n'y a ni bonheur
privé, ni prospérité publique. On y reviendra, cela est infaillible; mais ce ne sera peut-
être qu'après avoir parcouru le cercle de toutes
les erreurs. L'esprit humain est ainsi fait.

Esprit des Lois civiles.

Nous venons d'établir que, dans sa signification la plus étendue, la loi est l'expression du besoin général. Mais le besoin général
se compose des besoins individuels : dans son
application, la loi tombe donc sur des objets
particuliers; elle détermine les droits de chacun; elle embrasse tous les objets susceptibles d'entrer en rapport avec l'homme, tous
les objets sur lesquels s'exercent ses facultés,
ou, ce qui revient au même, tous les objets
susceptibles de devenir sa *propriété*; elle ré-

gle, en un mot, la nature, l'étendue et la limite du *droit de propriété*.

Tout aboutit à ce droit de propriété; puisque, comme nous l'avons vu en exposant les principes de la morale, il est lui-même déterminé par nos facultés, par nos besoins; puisque tout ce qui concourt à satisfaire à ces besoins sans nuire à autrui, fait partie de ce droit. Je me demande souvent comment il se fait que Montesquieu, dans son *Esprit des lois*, n'ait parlé nulle part du *droit de propriété*, sur lequel cependant repose tout l'esprit des lois.

Montesquieu a cherché l'esprit, ou plutôt les motifs des lois existantes; mais il n'a point, ce me semble, recherché les principes sur lesquels ces lois devraient être fondées pour donner aux hommes le plus de bonheur possible. On n'apprend point avec lui à discerner une mauvaise loi d'une bonne; et c'est cependant à faire cette distinction importante que devrait servir la connaissance de l'esprit des lois. Tout son livre repose sur cette idée, *qu'il faut que toutes les lois se rapportent à la nature et au principe du gouvernement établi;* puis il indique trois espèces de gouvernement, le *républicain,* le *monarchique* et le *despotique;* et de ces trois espèces de gouvernement, selon lui, *on voit couler les lois comme de leurs sources.*

Il y a dans ce plan une erreur capitale qu'on ne saurait trop signaler. Helvétius, Voltaire, Condorcet ont relevé plusieurs erreurs de détail assez notables dans le livre de l'*Esprit des lois;* M. de Tracy, dans son savant *commentaire,* a porté, de son côté, un coup terrible à la puissance que Montesquieu exerce sur l'opinion universelle; mais il me semble qu'aucun d'eux n'a bien fait sentir l'erreur fondamentale de cet ouvrage si célèbre à tant de titres.

Montesquieu avait commencé par dire que *la loi en général est la raison humaine, et que les lois politiques et civiles ne doivent être que les cas particuliers où s'applique cette raison;* et immédiatement après ces paroles pleines de vérité, il vient établir que les lois doivent se rapporter à la nature et au principe des trois gouvernemens qu'il désigne.

Pour que cela fût juste, il faudrait que ces trois espèces de gouvernement fussent elles-mêmes le résultat immédiat de la nature de l'homme; et, dans cette supposition, comment y en aurait-il trois, à moins qu'il n'y ait trois natures de l'homme? Il faudrait qu'elles fussent le *principe* duquel toutes les lois doivent découler.

Mais nous avons vu que le *principe* est dans les facultés naturelles, dans les besoins de l'homme; et que c'est là, et non ailleurs, que toutes les lois doivent prendre leur source, indépendamment des formes quelconques de gouvernement, formes qui sont plus ou moins bonnes, selon qu'elles favorisent plus ou moins le développement du principe véritable et l'application des lois. Le gouvernement d'ailleurs est-il autre chose que le pouvoir établi pour faire exécuter les lois? Les lois préexistent donc à tout gouvernement; et si elles préexistent, c'est le gouvernement qui *doit se rapporter aux lois*.

Suivant Montesquieu, on doit considérer le gouvernement *despotique* comme étant aussi fondé sur la nature des choses, comme étant un type de gouvernement tout aussi bien qu'un autre ; et il ne laisse plus de doute à cet égard quand il dit qu'*il y a peu de lois qui ne soient bonnes, lorsque l'état n'a point perdu ses principes*. Comment Montesquieu a-t-il pu arriver à un pareil résultat sans en être épouvanté ? Son livre est vraiment un arsenal où tout le monde peut puiser des armes. Je mets en fait que le grand-turc pourrait, l'*Esprit des lois* à la main, prouver que son gouvernement est bon, est légitime, et que les lois qu'il fait sont bonnes tant qu'elles *se rapportent à la nature et au principe de son gouvernement,* et tant que *son gouvernement n'a pas perdu ses principes.*

Placer la source des lois dans le gouvernement qui est ou *républicain,* ou *monarchique,* ou *despotique,* c'est donner pour origine aux lois la force, l'arbitraire ou l'usurpation ; c'est le renversement de la nature, de la raison et de la justice divine.

Il n'y a point de type de gouvernement dans la nature ; car un gouvernement n'est qu'un moyen humain employé pour proclamer, et pour faire exécuter les lois de la nature et de la raison. Quelques publicistes ont cru trouver leur modèle de gouvernement dans la puissance paternelle. Cette comparaison, qui leur a semblé prise dans la nature elle-même, les a séduits; mais elle n'en est pas plus juste pour cela. En effet, l'autorité paternelle n'a de durée qu'autant qu'elle est nécessaire aux enfans; sitôt qu'ils entrent dans l'âge de raison, la nature elle-même les affranchit de la tutelle du père. Quant aux sociétés, prétendrait-on qu'elles doivent rester dans une minorité permanente? Je n'aperçois pas ce qui démontre qu'elles y soient condamnées : il me semble, au contraire, qu'elles naissent majeures. Ainsi il n'y a aucune ressemblance entre la paternité et l'autorité civile.

Montesquieu, suivant le plan qu'il s'est tracé, parcourt la législation de presque tous les peuples, et, avec une sagacité infinie, montre le rapport des lois avec les divers gouvernemens. Mais que nous importe de savoir pourquoi, *lorsque le roi de Perse a condamné quelqu'un, on ne peut plus lui en parler, ni demander grâce?* Que nous importe de savoir pourquoi *les lois de Venise défendaient aux nobles le commerce ;* pourquoi, *par la loi de Bantam, le roi prend la succession, même la femme, les enfans et la maison ?* Toutes ces recherches sont de pure curiosité, et figureraient très-bien dans l'histoire d'un peuple ; mais ce qu'il importe, c'est de connaître les bases fondamentales, les principes éternels sur lesquels toute loi, pour faire le bonheur des hommes, pour être véritablement une loi, doit être fondée.

Montesquieu se plaît a raconter que Charles XII étant à *Bender,* et trouvant quelque résistance dans le sénat de Suède, écrivit qu'il lui enverrait une de ses bottes pour commander. Montesquieu ajoute froidement: *Cette botte aurait commandé comme un roi despotique.* Or, je le demande, les Suédois avaient-ils des lois ? avaient-ils un gouvernement ? et des lois pouvaient-elles *couler de leur gouvernement comme de leurs sources ?*

Pourquoi Montesquieu, au lieu de chercher l'esprit des lois dans les bizarreries, dans les préjugés, dans les aberrations, dans l'abaissement de la raison humaine, n'est-il pas entré dans l'homme? pourquoi n'a-t-il pas analysé ses facultés, exposé ses besoins, et indiqué en même temps les différences qui se trouvent entre tel ou tel peuple, par suite de l'influence des climats? (influence qui, pour le dire en passant, ne s'étend jamais jusqu'à rendre une nation propre à l'esclavage, une autre propre à une demi - liberté, une autre à la liberté tout entière, celle-ci à vivre de brigandages, etc.) S'il eût envisagé son sujet sous ce point de vue, il aurait déterminé les lois qui conviennent à chaque peuple; et alors il aurait réellement, comme l'a dit Voltaire, *rendu au genre humain ses titres.*

Je reviens sur ce que dit Montesquieu, et Rousseau après lui, de l'influence des climats : tous deux prétendent que les pays chauds sont propres au despotisme, les pays tempérés à une demi-liberté, etc. C'est là une erreur très-répandue, que l'histoire de la Grèce, de Rome, de Carthage, et que l'histoire moderne de la Russie et de la Pologne réfutent assez. Le despotisme n'est d'aucun climat; la liberté, la justice sont de tous les pays. Les lois civiles peuvent être modifiées selon que les besoins sont divers; mais la *sûreté*, la *propriété* sont des besoins inhérens à l'homme, sous quelque latitude qu'il respire. Non-seulement le despotisme est une infraction à *l'ordre établi par le ciel*, mais je dirai que la polygamie qui démoralise la famille, ne peut être une loi locale; pas mieux que le droit donné au père de tuer son enfant; pas mieux que l'inégalité de partage entre les enfans; pas mieux que l'exclusion donnée aux femmes dans l'héritage, ou le droit illimité de tester, etc. : ces lois ne sont pas des lois; ce sont des règles imposées arbitrairement, et qui peuvent être conformes à tel ou tel principe de gouvernement *établi*, mais qui ne sont conformes aux véritables besoins d'aucun peuple de la terre.

Cette digression sur Montesquieu n'est point étrangère à ce qui nous occupe, puisqu'elle tend à démontrer de plus en plus la nécessité d'établir la législation sur les rapports qui dérivent de la nature de l'homme, et non point à la faire cadrer avec telle ou telle forme de gouvernement; car le gouvernement, il ne faut pas se lasser de le redire, n'est point la *fin* de l'état social; il n'est qu'un *moyen*, qu'un instrument qui sert à donner l'action aux lois, aux lois qu'on n'invente pas, mais qu'on découvre, qu'on reconnaît. Que le gouvernement soit confié à un seul ou à plusieurs, cela est absolument indifférent quand c'est la loi qui règne, qui est souveraine. Voit-on une nation s'occuper sans cesse de savoir quel est l'homme, ou quels sont les hommes qui tiennent le timon des affaires? on peut dire, à coup sûr, que l'état est mal constitué, que l'arbitraire s'est glissé dans les institutions; on peut dire que ce n'est plus la loi, mais l'homme qui règne. Heureuse la nation qui pourrait ignorer jusqu'au nom de ceux qui la gouvernent!

Ce n'est qu'avec des lois souveraines, conformes à la nature de l'homme, que la société peut être heureuse et tranquille, et que les citoyens peuvent jouir de la liberté. L'agitation, l'exaltation du peuple, sa tendance aux révolutions sont des symptômes assurés que ses lois sont mauvaises, c'est-à-dire qu'elles ne sont pas en harmonie avec ses besoins. Mais que parlé-je de tranquillité? c'est le signe de la servitude; *le repos et la liberté me paraissent incompatibles; il faut opter* (1), disent les enthousiastes de la liberté. *Malo periculosam libertatem quàm quietum servitium :* telle est encore leur devise. Quant à moi, je dis que je n'aime ni l'un ni l'autre. Être livré à des angoisses, à des troubles, à des périls continuels, ce n'est pas jouir de la liberté, ce n'est pas être heureux. D'un autre côté, la servitude dégrade l'homme; elle le livre à la misère et à l'oppression; elle est contraire à sa nature et aux desseins de Dieu sur lui. Mais entre ces deux extrêmes, entre la fièvre et l'abattement, entre Sparte et Constantinople, je vois un état d'honorable paix, un état de santé où l'homme exerce ses facultés et jouit de ses droits en se soumettant à un pouvoir protecteur. C'est là qu'est la vraie liberté; c'est à l'ombre des lois saintes qu'est le repos, la sûreté, le vrai bonheur.

Revenons à la loi dans ses rapports directs avec les sujets.

____

(1) Rousseau, *Gouvernement de Pologne.*

La loi ne statuant que sur des intérêts communs, fonde par-là même l'égalité, qui existe déjà dans la nature, puisque tous les hommes ont la liberté d'exercer leurs facultés, de satisfaire à leurs besoins. A la vérité tous n'ont pas les mêmes dispositions, les mêmes avantages; ils n'ont pas tous la même force physique, ni le même génie; et c'est là une inégalité radicale, incontestable; mais tous ont reçu du ciel le droit d'exercer *librement* leurs facultés : celui qui n'en a que deux doit les exercer aussi librement que celui qui en a quatre; celui qui ne peut porter que cinquante livres doit les porter aussi librement que celui qui en porte cent. Le plus de force ou d'intelligence ne donne aucun droit à l'être qui en est doué sur un autre être qui en a moins. Dieu n'a pas établi de souveraineté de ce genre en faveur de l'homme même à l'égard des animaux. Il n'a donné d'autre droit au fort sur le faible, que celui de la protection, de la bienfaisance; il n'a imposé d'autre devoir au faible envers le fort, que celui de la reconnaissance.

Ceci me donne occasion de faire quelques

réflexions sur un sujet débattu depuis long-
temps, et sur lequel je crains bien qu'on ne
s'entende pas de sitôt.

J'en demande pardon à saint Paul et aux
auteurs de presque toutes les législations
passées et présentes, mais vouloir que la force
physique de l'homme soit pour lui la source
d'un droit légitime qui commande à la femme
la *soumission*, l'*obéissance*, c'est ce qu'en
conscience je ne puis m'empêcher de regar-
der que comme un reste de barbarie, la barbarie n'étant en effet autre chose que le
droit du plus fort établi en principe et mis
en action. Ce droit, puisqu'on l'appelle ainsi,
quoique très-improprement, n'est pas com-
patible avec la moralité, toute moralité con-
sistant à détruire l'empire de la force. C'est
dégrader l'homme, que de lui attribuer une
puissance qui n'est pas la puissance de la
raison ; et lors même qu'il aurait une raison
supérieure à celle de la femme (ce qui ne me
paraît pas encore démontré), il n'en aurait
pas plus de *droit* pour tout cela ; car, encore
un coup, il ne peut y avoir, entre des créa-
tures raisonnables, que des droits égaux, que

des devoirs réciproques; et si l'on voulait
contester ce que je dis là, j'ajouterais que
lorsqu'il y a inégalité de forces, c'est le plus
faible qui acquiert des *droits,* tandis que les
devoirs sont imposés au plus fort. La femme
n'est donc pas *subordonnée* à l'homme.
Mais, réplique-t-on, quand il y a dissenti-
ment, il faut bien que l'un des deux l'em-
porte, que l'un des deux commande à l'autre.
Non, il ne faut pas que l'un des deux commande à l'autre : c'est la raison qui doit
commander à tous les deux; autrement,
quelle différence y aurait-il entre l'espèce
humaine et la brute? On sent que nous ren-
trons ici dans la question de la *souveraineté.*
Il est à remarquer que le sort des femmes
suit constamment les destinées de la morale,
qu'il est subordonné à la forme et au principe des gouvernemens. En Turquie, elles
sont esclaves; chez les Gaulois, grands ama-
teurs de la liberté, elles prenaient part aux
délibérations publiques. Le climat n'est pour
rien dans cette différence ; car là où règne
aujourd'hui l'*Alcoran,* qui met en doute si
les femmes ont une âme, régnait jadis Sémi-

ramis, Zénobie, Aspasie et mille autres, les unes par l'ascendant de leur génie, les autres par l'empire des grâces et de l'esprit.

Je n'ai, en parlant de la sorte, d'autre désir que de dire quelque chose de vrai. Je n'ose pas espérer que les femmes liront ce que j'écris; ainsi l'on aurait tort de penser que pour moi le culte de la vérité n'a peut-être été que le culte des idoles.

Au reste, je crois n'avoir rien avancé qui ne découle directement des principes d'où je suis parti. Ce sujet n'a rien de léger ou d'indifférent, rien qui ne doive commander l'attention la plus sérieuse. Le sort de la moitié du genre humain doit-il être livré à la volonté, au caprice, à l'arbitraire, au despotisme de l'autre moitié? La raison, la nature disent que non, et la loi vient garantir ce que la nature a établi, en assurant à chacun le libre exercice de ses facultés, en protégeant également tous les droits.

L'égalité est donc tout entière dans la *liberté*; elle est la liberté elle-même. L'une et l'autre étant renfermées dans le cercle des *droits* et des *devoirs* tracé d'abord par la nature et par l'équité, ensuite par la loi, se confondent, et ne sont, en dernière analyse, que les limites du droit de propriété.

Les Romains s'étaient fait une idée fort exacte de la *justice* et de l'*égalité :* ils exprimaient ces deux choses par le même mot, *œquitas.*

Toute la législation est donc, en définitive, dans la *limitation du droit de propriété.*

Le sens du mot *propriété* s'étend à tous les objets destinés par le Créateur à entrer en rapport avec nos facultés physiques et morales; il s'applique par conséquent aux objets de nos sentimens, de nos affections, comme à ceux des appétits de la vie animale. Ainsi quand je dis *mon père, ma mère, mon enfant,* j'indique des rapports naturels qui lient mon existence à celle de mon père, de ma mère, de mon enfant. Mon enfant naît avec des *droits* à ma tendresse, à mes soins; j'acquiers en même temps des droits à son amour, à sa reconnaissance. L'homme qui s'unit à la femme de son choix par les liens du mariage, établit entre elle et lui un *droit réciproque de propriété;* tout se partage entre eux, tout se confond, tout devient com-

mun ; le cœur et la personne même sont alié-
nés ; ils sont la propriété l'un de l'autre.

Voilà l'établissement de *droits* et de *devoirs moraux* fondés sur des facultés, sur des
besoins, sur des rapports naturels ; voilà l'é-
tablissement d'une véritable *propriété morale*
déterminée par le Créateur, et que les lois so-
ciales sont destinées à garantir.

Ainsi la *propriété physique* se fonde sur
les rapports de l'homme avec les productions
de la nature ; elle est meuble ou immeuble,
c'est-à-dire mobile ou immobile ; elle est
productive ou improductive. Cette propriété
s'*échange* : d'où résultent la vente, le loua-
ge, le prêt, etc., qui ne sont que des modifications de l'échange ; elle se *donne* : d'où
naissent les donations entre-vifs et les testa-
mens ; elle se transmet par *succession*.

La *propriété morale* se fonde sur les rapports de personnes, entre les époux : d'où
naissent les lois sur le *mariage* ; entre les
pères et mères et leurs enfans : d'où résultent les lois sur la *paternité* et la *filiation*, etc. ;
entre les citoyens : d'où dérivent les diverses
obligations, le *mandat*, l'*adoption*, etc.

Je ne fais que présenter une idée tout-à-fait sommaire de la nature et des diverses modifications de la propriété, et de la méthode propre à classer ses diverses branches dans un ordre naturel.

Je me propose de donner à cette classification des lois civiles tous les développemens dont elle est susceptible, et d'en faire le sujet d'un traité particulier. Je ne me déciderai toutefois à publier ce second ouvrage que dans le cas où celui-ci sera jugé digne de quelque attention, mon envie n'étant pas d'écrire, mais d'être utile.

Ce que je viens de dire sur la *propriété morale* ne sera point regardé comme un sophisme, j'ose le croire ; l'extension donnée à ce mot me semble toute simple. En effet, ne nous appartenons-nous pas les uns aux autres ? notre bonheur, notre existence même n'est-elle pas intimement liée à celle de nos semblables ? Ne disons-nous pas tous les jours : *Je suis tout à vous, vous m'êtes plus cher que la vie,* et mille autres expressions, qui sont le langage du cœur, qui n'ont rien de conventionnel, et sont le résultat, le signe certain du besoin le plus moral, le plus

profond, le plus indispensable qui soit attaché à l'exercice des facultés humaines?

Tel est l'*esprit des lois civiles*; telles sont
les bases de toute législation, et les principes
desquels il faut partir pour en étudier les détails. Il est plus important qu'on ne le pense
communément d'avoir des notions bien pré-
cises du *commencement* des choses. Le principe, ou, pour me servir d'une image sensi-
ble, le point auquel on attache le premier
anneau de toute la chaîne étant une fois fixé,
il ne faut plus que raisonner d'après les règles de la plus simple logique pour découvrir
toutes les lois particulières.

Toute loi particulière, toute législation qui
ne serait pas fondée sur ces notions principales, c'est-à-dire sur les facultés de l'homme,
serait incertaine et fausse, et tendrait tous
les jours à s'abroger, parce qu'avec le temps
la nature, la raison abrogent toutes les lois
qui leur sont contraires.

C'est ainsi que les lois de Lycurgue, lois
tant vantées, ont disparu. Par elles tous les
droits de la nature étaient méconnus ou brisés; des principes factices, anti-naturels,

étaient mis à la place des principes éternels
fondés sur les rapports primitifs des hommes
et des choses; le premier des droits, celui
qui embrasse tous les autres, le droit de *propriété*, y était anéanti; l'amour d'une mère
pour son enfant, ce sentiment dont aucun
être animé ne peut ignorer les bienfaits, y
était étouffé; les droits sacrés de la pudeur y
étaient indignement violés. Ce stoïcisme ou-
tré, cet ascétisme, en partie renouvelé de
nos jours par les moines de la Trape, ne
pouvait durer qu'autant que le fanatisme qui
l'avait produit; et le fanatisme, comme
toutes les passions aveugles, est passager de
sa nature. C'est ainsi que toutes les républi-
ques de la Grèce, et Rome elle-même, ont
passé sans retour : leurs institutions renfer-
maient un germe de mort qui tôt ou tard devait se développer. « Les nations grecque et
» romaine ont disparu du monde, dit ma-
» dame de Staël (1), à cause de ce qu'il y
» avait de barbare, c'est-à-dire d'injuste dans
» leurs institutions. » Sans *l'esclavage*,

(1) *Considérations sur la Révolution française*

(92)

Athènes et Rome, il n'en faut pas douter,
seraient encore le foyer de la gloire et de la
civilisation européenne.

C'est ainsi que doivent disparaître toutes
ces institutions qui contrarient, violentent
ou dénaturent la raison humaine; toutes ces
lois, ou, pour me servir de l'expression de
notre célèbre Lanjuinais (1), toutes ces *con-
tre-lois* qui n'assurent pas ou ne protégent
pas l'exercice des droits naturels de chacun,
et qui servent de prétexte ou d'aliment à
tous les genres de despotisme.

Pour peu que l'on ait observé les causes et
la marche des révolutions chez les peuplades
sauvages, comme chez les nations les plus ci-
vilisées, on ne tarde pas à reconnaître que
c'est toujours l'oubli, le mépris des lois naturelles qui amène la fin des empires. Chez
les peuples corrompus, le ressort des lois n'a
plus d'action; on les élude, et le plus souvent elles sont contradictoires avec elles-
mêmes, ou avec le droit naturel, toujours
confuses, obscures, multipliées à l'infini. **De**

(1) *Constitutions de tous les Peuples.* Paris, 1819.

tels peuples vont faire place à d'autres peuples.

Mais les nations sont-elles donc indistinctement condamnées à naître et à mourir?

Tous nos publicistes, tous nos philosophes s'accordent assez à reconnaître, dans l'existence des nations, les quatre âges de la vie de l'homme ; et, en effet, toutes les sociétés qu'ils ont observées ont subi et subissent ces périodes de naissance, de virilité, de décadence et de mort. Ainsi ils se sont crus autorisés à conclure que c'est là une loi générale et invariable attachée à la faiblesse des institutions humaines.

Elevons-nous ; sortons un moment de l'épaisse atmosphère de nos préjugés, de nos habitudes, de nos passions ; supposons un peuple qui aurait une législation calquée sur le plan simple et majestueux de la nature ; un peuple qui, à la vue du spectacle harmonieux des œuvres immenses du Créateur, aurait appris que l'ordre moral fait partie de ces œuvres ; un peuple, enfin, qui se serait dit : Cet ordre moral peut seul conserver et rendre heureux les êtres raisonnables ; il est le vœu de la nature et la volonté suprême du ciel, volonté prononcée par la raison dont il a favorisé l'homme en le créant libre : cet ordre moral est le seul hommage qu'il exige de sa créature.

Croit-on que ce peuple, qui aurait fondé ses institutions et ses mœurs sur de pareilles bases, serait sujet aux vicissitudes dont nous parlons ? Pour moi, je ne le pense pas ; je crois qu'il aurait une destinée toute différente de celle des peuples d'Europe, par exemple.

Tous nos publicistes, tous nos philosophes ont-ils daigné porter leur attention sur toutes les nations de l'univers ? Dans leurs *Histoires universelles* ont-ils considéré les Chinois, dont l'histoire semble commencer avec celle du monde, et ne devoir finir qu'avec lui ? La durée de cet empire est un exemple qui impose silence à tous ces faiseurs de systèmes ; car ici une exception ne confirme pas la règle, elle la détruit. Une seule exception suffit pour démontrer qu'il n'y a que les nations dont les institutions sont fondées sur le mensonge, sur les passions des hommes qui soient passagères et mortelles comme eux; qu'au contraire celles qui ont pour guide la nature ne vieillissent jamais. *Fais à autrui ce que tu voudrais qu'on te fît ;* telle est la loi sur laquelle repose le gouvernement de la Chine, loi que Confucius appelle la *vertu du cœur.*

Là ce n'est ni la force, ni le caprice qui ont fait les lois et qui les exécutent; la raison seule les a dictées, la raison les maintient. Le premier roi que les Chinois aient eu ne fut pas un *soldat heureux ;* ce fut le plus sage de la nation. Aussi les souverains y ont déposé à jamais les fonctions de généraux pour n'exercer que celles de magistrats et de pères, pour protéger les mœurs et l'agriculture, uniques objets de leurs études, de leurs spéculations et de tout leur pouvoir.

Tout homme, à la Chine, est libre, et si libre, qu'il ne peut entrer dans l'esprit de ceux qui gouvernent qu'il puisse perdre sa liberté, pas même en s'engageant au service de l'état. On n'y voit pas les hommes vendre leur indépendance pour un peu d'argent, et la vendre de façon que, lorsqu'ils osent essayer de la recouvrer, ils sont punis de mort. On y voit encore moins des hommes se vendre à des étrangers : les Chinois n'ont p..s d'idée d'un pareil état de dégradation.

On n'y trouve point de ces distinctions puériles de noblesse et de roture que les lois *malaises* autorisent (1); distinctions insensées qui ne se trouvent, disent les Chinois, que parmi des peuples barbares. Leur langue n'a pas de terme pour exprimer cette prétendue différence de sang humain. Chez eux le sang de tout homme y est également précieux : tout homme y est noble. Le fils du

______

(1) Les Malais peuplent les îles de l'archipel d'Asie, et sont originairement sortis de la presqu'île de Malaca. Suivant M. *Poivre* (*Voyages d'un Philosophe*), le chef de la nation *malaise* prend le titre de roi ; il commande à de grands vassaux qui obéissent quand ils ne se croient pas assez forts pour résister. Ceux-ci ont des arrière-vassaux qui en usent de même à leur égard. Une petite partie de la nation vit indépendante sous le titre d'*orang-caïo*, qui signifie homme de distinction, de naissance, ou noble ; le reste de la nation vit dans l'esclavage. Avec ces lois féodales, qu'on ne trouve nulle autre part en Asie, le Malais est inquiet, il aime la guerre, le pillage, les entreprises téméraires, les aventures, la galanterie même ; il se pique d'honneur et de bravoure ; celui qui n'est pas serf est toujours armé ; il rougirait de sortir de la maison sans son *cris,* qui signifie *épée.* (Le mot *keris,* en flamand, a la même

plus puissant mandarin rentre dans la classe
ordinaire quand il manque de talens ou de
vertus. Dans cet état, qui est cependant bien
une monarchie, l'empereur n'a pas besoin
d'une noblesse héréditaire, parce que les lois
règnent avant l'empereur. L'honneur, chez
eux, est *ascendant :* qu'un homme soit élevé
en dignité, son père et sa mère auront droit,
par cela seul, aux marques de respect qu'il
aura su mériter; ainsi les pères et mères sont
encouragés à soigner l'éducation de leurs
enfans.

Si l'on compare cet honneur *ascendant* à
l'honneur *descendant,* on ne tarde pas à

signification.) Ce qui est bien remarquable, c'est qu'il parle
la langue la plus douce de l'Asie, qu'il a une musique tendre
et passionnée, et que l'on trouve dans son histoire un *âge
d'or.* Avec tout cela, cette nation passe pour la plus cruelle
de l'Asie et la plus malheureuse.

Ajoutons un trait caractéristique, et qui seul distinguerait
le Malais des autres peuples asiatiques. Comme il est d'un naturel inquiet, qu'il passe sa vie dans l'agitation, et qu'il manque tout-à-fait de gravité, il ne saurait s'accommoder d'un
vêtement ample, tel que le portent tous les Asiatiques sans
exception : ses habits sont justes au corps, et chargés d'une
multitude de boutons qui le serrent de toutes parts.

Il me semble que ce portrait ne laisse pas que d'avoir quelque chose d'assez piquant.

penser que ce dernier est un fléau pour la société. *Si la vertu ne donne pas la noblesse, comment veut-on qu'elle en descende* (1)? Cet honneur *descendant* traîne à sa suite l'orgueil, et l'orgueil conduit à la pauvreté. Si pour conserver l'honneur des familles nobles, on crée dans chacune un héritier mâle, alors, à côté de l'orgueil et de la richesse, se trouve nécessairement la misère ; et de là les révolutions entreprises pour rétablir l'égalité. *Les richesses et l'orgueil de la naissance sont les sources principales des maux,* dit Socrate. Il ne faut pas chercher d'autre cause à la destruction des empires. Bernardin de Saint-Pierre observe très-bien « que » l'empire romain s'écroula après les beaux » règnes de Marc-Aurèle et d'Antonin, parce » que les riches augmentèrent leurs proprié- » tés, et que le peuple perdit les siennes. » Les emplois s'accumulèrent dans les mêmes » familles. Il y eut des grands, et par consé- » quent beaucoup de petits. Rome ne ren- » fermait plus qu'un peuple de valets : l'a-

____

(1) Pensée de Bacon.

» mour de la patrie s'éteignit. Le malheureux
» ne savait de quoi se plaindre; on ne lui
» faisait point de torts. Tout était dans l'or-
» dre ; mais, par cet ordre, il ne pouvait
» plus parvenir à rien. On n'égorgeait pas les
» citoyens comme sous Marius et Sylla,
» mais on les étouffait. »

Les Chinois sont à l'abri de ces malheurs,
parce que, chez eux, *l'égalité naturelle* ne
souffre d'autre altération que celle qu'établit
le plus ou moins de mérite, parce que leur
législation est fondée sur la morale éternelle.

Et, dans notre Europe chrétienne, ne se-
rions-nous pas aussi à l'abri des révolutions
politiques, qui engloutissent les nations, si
nous suivions plus fidèlement les lois de
l'*Evangile*, de l'Evangile, qui, considérant
tous les hommes comme des frères, et la justice comme une émanation de la divinité
elle-même, ne souffre pas qu'il y ait des op-
presseurs et des opprimés, des maîtres et des
esclaves; de l'Evangile, qui confond et pu-
nit l'orgueil, qui nous enseigne que ce n'est
pas la richesse, mais les talens et les vertus
qui doivent donner le premier rang; de l'E-
vangile, qui veut que la force se puise à la

même source que la justice, et soit enchaî-
née aux pieds de la sagesse?

Je me suis arrêté un moment avec satisfaction sur la nation chinoise, parce que cette
nation est peu ou mal connue des Européens
en général, et parce que ses institutions
étant établies sur les maximes les plus simples et les plus sublimes de la morale, of-
frent des modèles de ce qu'il y a de plus
parfait chez les humains. Nous ne connais-
sons les Chinois que par quelques vices ou
quelques ridicules (ils sont hommes, et, à ce
titre, ils n'en sont pas exempts); c'est ce qui
nous a le plus frappés dans les relations qu'on
nous en a faites. Nous ne nous sommes point
attachés à leurs qualités; et cependant deux
cent millions d'hommes réunis en société depuis plus de cinq mille ans (1), et qui jouissent, de temps immémorial, de tous les arts
dont nous nous imaginons être les premiers
inventeurs, tels que le papier, l'écriture, l'imprimerie, la boussole, la poudre à canon,
l'inoculation, l'astronomie; un tel peuple,

(1) Leur histoire remonte, par la chronologie la plus sûre,
jusqu'à une éclipse observée par leurs astronomes 2,155 ans
avant notre ère vulgaire.

dis-je, devait nous offrir autre chose que des ridicules.

J'ai parlé des Chinois avec d'autant plus d'intérêt, que je ne doute pas de l'exactitude des notions que j'ai sur ce peuple. On partagera ma confiance quand on saura que j'ai puisé ces notions dans les écrits laissés par l'illustre *Poivre*. Ayant l'honneur d'être allié à la famille de cet homme vertueux, qui a rendu des services si éminens à son pays (1), j'ai pu connaître tout ce qu'il a écrit sur les peuples d'Asie, et notamment sur la Chine, dans l'intérieur de laquelle il a voyagé pendant deux ans. Il est à regretter que le public ne jouisse pas du fruit de ses observations. Quand M. *Poivre* écrivait, il n'avait aucune intention de publier ses ouvrages : personne n'avait cependant plus de choses intéressantes à raconter ; mais personne n'avait plus de modestie, je dirai même plus d'indifférence pour tout ce que nous appe-

(1) Parmi les titres nombreux de M. Poivre à la reconnaissance des hommes, celui qui honore le plus son beau caractère est d'avoir été le premier qui, avec toute l'autorité de son éloquence, de sa raison et de ses exemples, ait réclamé la liberté des noirs.

lons vulgairement *la gloire*. Il se contentait d'avoir fait le bien : c'était là sa passion ; et quand on le pressait de publier ses ouvrages, il répondait en souriant : *Il y a assez de livres.*

Je me laisse aller au desir de citer un fragment des œuvres inédites de M. Poivre. J'oublie un instant mon sujet ; mais j'espère qu'on me le pardonnera. La citation que je vais faire est relative au roi de la *Cochinchine.*

« Le roi d'aujourd'hui (M. Poivre écri-
» vait cela en 1750), ne trouvant pas le
» palais de ses ancêtres assez beau, en a re-
» construit un nouveau sur le modèle de
» celui des empereurs de la Chine. On a
» seulement conservé de l'ancien palais une
» salle dans laquelle le bon roi bisaïeul de
» celui-ci avait fait peindre des sujets qu'on
» ne voit guère représentés dans les palais
» des princes : c'étaient des peintures de
» toutes les différentes conditions exercées
» par son peuple, et chaque tableau repré-
» sentait chaque condition avec les misères
» qui y sont attachées.

» On y voyait un laboureur dont la récolte

» est emportée par une sécheresse, et qui,
» les genoux en terre, la tête prosternée,
» demande au ciel de la pluie.

» Dans un autre tableau, on voyait peint
» un pêcheur surpris par une tempête, et
» s'échappant du naufrage sur les débris de
» son bateau brisé.

» Dans un autre, des pauvres gens pillés,
» volés par des collecteurs de tributs.

» Dans un autre, un magistrat recevant
» de l'argent d'un homme riche pour oppri-
» mer un pauvre.

» Enfin, on y voyait toutes les calamités
» humaines.

» C'est dans cette salle que le bon roi
» couchait, et passait la plus grande partie
» de sa vie.

» Le roi d'aujourd'hui n'y entre jamais. »
Telle est la manière dont M. Poivre fait
l'histoire de deux règnes entiers.

Je me suis éloigné de l'objet de cet ouvrage; mais j'ai voulu payer mon faible tri-
but d'hommages à la mémoire d'un citoyen
cher à son pays, à la mémoire d'un sage
cher à l'humanité.

~~~~~~

QUELQUES RÉFLEXIONS SUR LE DROIT NATUREL ET LE DROIT POSITIF.

CE qui fait que nos *lois civiles*, en général, sont susceptibles de tant d'interprétations, de tant de controverses, c'est que la source en est occulte pour presque tous les hommes, c'est que le législateur lui-même n'est pas toujours remonté à cette source. Quand le principe est incertain, l'arbitraire se met partout. Voilà pourquoi chacune des quarante ou cinquante mille lois qui nous régissent tour-à-tour, est surchargée de dix commentaires au moins, tous se contredisant à qui mieux mieux; voilà pourquoi il est presque impossible de s'entendre au milieu de ce conflit de lois dont la plupart sont abrogées par des lois subséquentes, lesquelles sont elles-mêmes modifiées par d'autres; lesquelles sont enveloppées d'un tourbillon de décrets, d'ordonnances qui
~~~~~~

les interprètent, y dérogent, ou les exhument selon le bon plaisir; lesquels, à leur tour, vont se perdre dans la jurisprudence discordante des arrêts anciens et modernes; voilà pourquoi il n'est pas de question de droit sur laquelle on ne trouve des autorités, toutes fort respectables sans doute, pour la résoudre dans des sens tout-à-fait opposés; d'où il résulte que le droit est soumis le plus souvent au calcul des probabilités; que la balance de la justice est métamorphosée en roue de fortune; que les juges, dégradent leur auguste ministère; que les avocats profanent leur raison et leur éloquence; que les pauvres plaideurs enfin se ruinent.

Qu'on me pardonne ces plaintes amères; elles ne sont point inspirées par un esprit frondeur ou inquiet qui rêve des perfectionnemens chimériques. Adonné par état et par goût à l'étude de nos lois, j'ai senti, dès les premiers pas que j'ai faits dans cette carrière, que je m'étais engagé dans un dédale. J'ai donc cherché à me reconnaître. Revenant sur mes pas, j'ai osé porter un œil de critique sur l'ensemble, et notamment sur les principes de notre législation, et je me suis convaincu que je n'avais d'abord été arrêté dans ma marche que parce que ces *principes* n'étaient pas clairement indiqués, ou plutôt que parce que les *principes* qu'on enseigne ne dérivent pas de la nature de l'homme et des choses.

Je ne crois pas attacher à cette idée plus d'importance qu'elle n'en mérite. *Il n'y a de bonnes lois,* dit le vertueux Malesherbes, *que dans les lois simples.* Les lois simples sont celles de la nature, les règles du droit primitif ou divin; c'est donc là qu'il faut remonter pour en déduire les lois qu'on appelle *positives. Leges legum sunt* (1).

Par la malheureuse habitude qu'on a de confondre sans cesse ce qui est avec ce qui doit être, on s'occupe du *droit positif* avant d'avoir une connaissance suffisante des *principes.* Ainsi les jeunes gens entrent dans nos écoles de droit avant d'avoir fait une étude particulière des sciences morales et politi-

(1) Bacon.

ques. C'est à-peu-près comme si celui qui se destine à l'état de médecin faisait un cours de clinique sans avoir préalablement étudié l'anatomie et la physiologie, ou comme si l'on pensait devenir ingénieur sans avoir d'abord suivi des cours de *théorie* à l'école polytechnique.

On commence à sentir cette vérité; car on vient d'ouvrir, à Paris seulement il est vrai, un cours public de *droit naturel*. Ce n'est pas sans doute le droit naturel renfermé dans les livres de Grotius et de Puffendorf qu'on enseigne à ce cours, mais bien le droit qui dérive des facultés humaines et de leur exercice, et qui se fonde sur la *propriété*. Le mérite et les talens des professeurs chargés de faire connaître les principes de la législation, ne permettent pas de douter de l'utilité de cette heureuse innovation.

Les *lois civiles*, *secondaires* ou *positives* ne sont et ne doivent être, comme on le voit, que des corollaires des lois fondamentales. Le droit n'est point une science spéculative; c'est la science des rapports qui lient les hommes entre eux; c'est par conséquent la science de leurs besoins, de leurs affections ; c'est la science de ce qui peut faire leur bonheur.

Mais, selon les idées généralement reçues, on donne le nom de *droit positif* au droit qu'on appelle aussi *conventionnel, arbitraire,* pour le distinguer du *droit naturel,* qu'on regarde comme une chimère, comme une utopie.

Il est utile de bien nous entendre.

Le terme de *positif* signifie qui est *certain, constant, assuré ;* et c'est au droit arbitraire qu'on donne exclusivement cette qualification ! Parce que ce droit est écrit de la main des hommes, il devra être tenu pour plus certain que le *droit naturel,* qui a été imprimé dans nos cœurs par la main de Dieu lui-même ! Quel renversement des premières notions du bon sens !

Observons que toutes les fois qu'on veut détruire l'influence des choses, on commence par détourner le sens et l'application des mots. Il est clair qu'en appelant *positif* le droit arbitraire, on devait jeter du doute sur l'évidence du *droit naturel.* On a fini par nier l'existence de ce droit, et même l'on a fait de toutes les maximes qui en découlent des articles de droit conventionnel : ainsi l'on a décrété que l'homme aurait la *liberté* de *penser*, de *parler*, de *marcher*, de *jouir de sa propriété*, etc., et l'on conclut très-habilement de cette *concession*, que l'on peut à volonté suspendre, et même supprimer l'une ou l'autre de ces facultés ; comme si les droits naturels de l'homme avaient besoin d'être écrits pour être réels ; comme si l'on pouvait faire autre chose que de les *reconnaître !* Je ne trouve point mal, sans doute, que l'on imprime les droits de l'homme sur le papier ou sur l'airain ; mais il est ridicule de croire que sans cela ils seraient moins évidens et moins sacrés.

Voyons si le *droit privé* et le *droit public* peuvent être autre chose que des *applications du droit naturel* à l'état social.

Dans le langage vulgaire, on distingue l'état de nature de l'état social ; comme si l'homme avait été créé sauvage ! comme si l'état de sauvage n'était pas une dégénération de l'espèce humaine !

Pour éviter les répétitions sur cette matière, et surtout les déclamations, je vais tâcher de réduire la question à ses élémens les plus simples.

Si l'on place ensemble deux hommes, leurs rapports seront très-simples; si l'on en réunit trois, leurs rapports s'augmenteront; si quatre, six, douze, et ainsi de suite, leurs rapports se multiplieront encore. Mais s'ensuit-il qu'à mesure que le nombre des hommes et des rapports augmentera, ces hommes et ces rapports changent de nature? S'ensuit-il que deux soient dans l'état de nature, et que cent n'y soient plus? C'est comme si l'on disait qu'un corps cesse d'être naturel parce qu'il est combiné avec deux, trois ou quatre élémens. Ce composé chimique, ainsi que l'homme, peuvent-ils sortir des limites de leurs propriétés, de leurs facultés natives?

Si l'état social est l'opposé de l'état naturel, il est donc un état contre nature? Si l'état social n'est pas l'état naturel, l'homme a donc été animé par un rayon de la divinité pour vivre dans les bois à la manière des bêtes farouches? Les sentimens d'amour, d'amitié, d'ordre, de pitié, le sentiment du juste et de l'injuste sont donc des sentimens factices? Certains philosophes ont donc eu raison de dire que l'égoïsme est le seul sentiment qui détermine notre volonté et nos actions?.... Et voilà où l'on aboutit en partant de principes faux.

Il en est du *droit privé* et du *droit public* comme des arts : dans ceux-ci il n'y a que les instrumens et la manière d'en faire usage qui soient du domaine de l'imagination ; tout le reste a son modèle dans la nature, et la connaissance que nous en avons vient de la découverte que nos organes en ont faite. Dans le *droit,* c'est la même chose : il n'y a d'arbitraire que la forme ou le mode d'exécution, ou ce qu'on appelle les lois *réglementaires* (1) ; le reste dépend de nos sentimens, de nos besoins. Dire qu'il y a des lois arbitraires, et qu'on peut en faire de

______

(1) Le sens du mot *arbitraire* est ici fort restreint, car les lois réglementaires, ou les ordonnances, ne peuvent rien changer à la loi principale ; elles ne font que lui donner le mouvement, et déterminer sa juste application. Toute ordonnance qui n'est pas strictement renfermée dans l'esprit de la loi, est un acte d'usurpation, de despotisme.

telles, c'est dire qu'on peut leur donner in-
différemment tel ou tel caractère, ou autrement qu'elles sont sans motifs. Puisque la
loi est ce qui est juste, puisque ce qui est juste
ne saurait être arbitraire, il s'ensuit que l'arbitraire est synonyme d'injuste ou d'absurde ;
la conséquence est forcée. L'*établissement
de la loi*, dit Confucius, *s'appelle instruction*. Ce mot dit toute ma pensée. La loi est
prise dans la nature, dans la raison, dont
les bases sont immuables et éternelles comme
la main qui les a posées. La loi est la *raison
écrite*.

La sanction de nos lois, en effet, n'est-elle
pas plus respectable et plus sûre, donnée par
le Créateur lui-même ? C'est démoraliser
l'homme que de lui cacher la source de la
morale ; c'est affaiblir l'autorité des droits
et des devoirs, que de leur donner pour origine les conventions ; c'est nier Dieu, que de
prétendre que l'arbitraire peut quelquefois
être la justice. Conséquemment, toute la loi
qui n'est pas établie sur les rapports que
le Créateur nous a imposés, toute loi qui
blesse l'exercice de nos facultés, et qui est

contraire à la raison dont Dieu nous a dotés,
est une erreur, un mal, une barbarie, une
impiété, et doit perdre le nom *de loi*. Conséquemment les états despotiques, démago-
giques, oligarchiques, anarchiques, et tous
les états, en général, fondés sur la force ou sur
l'arbitraire, sont des états contre nature, parce
que les rapports primitifs sont méconnus, sont
brisés. C'est là l'état de véritable barbarie.

L'état social sous toutes les formes possibles, pourvu que chaque individu y jouisse
du libre exercice de ses facultés, est donc
l'état naturel.

L'état de nature est donc l'état de raison ;
et le droit public, et le droit privé, et le droit
inter-national, ne doivent ni ne peuvent
être que l'application ou l'extension du droit
naturel proprement dit, ou du droit ensei-
gné par la raison : c'est le sentiment de Cicéron : « Nous sommes, dit-il (*de Leg.* liv. I)
» nés pour la justice ; et le droit n'est point
» un établissement de l'opinion, mais de la
» nature. Cette vérité devient évidente si l'on
» jette les yeux sur les rapports d'égalité et
» de liaison qui sont entre les hommes. »

Les divers droits considérés comme des applications du droit naturel ou divin, viennent se placer d'eux-mêmes et inévitablement dans cette *classification*, et la ligne de démarcation de chacun d'eux me semble exactement tracée dans mon *tableau synoptique*. La plupart des publicistes ont varié d'opinion sur ce qui appartient à ces divers droits en particulier. En les établissant sur les relations naturelles des hommes, il ne peut plus y avoir divergence ou confusion.

Ce n'est ni dans Justinien, ni dans Domat, ni dans Pothier, ni dans Vattel, ni dans Montesquieu, ni dans Burlamaqui, ni dans Mably, qu'on apprendra à classer les lois. C'est dans Bâcon, dans Linnœus, dans Condillac, dans Lavoisier, dans Cabanis, dans Tracy, dans Gall, que l'on reconnaît qu'il y a pour les sciences morales et pour la législation des méthodes aussi sûres que pour les sciences physiques, ou plutôt que ces méthodes sont les mêmes. Pourquoi, en effet, n'appliquerait-on pas à la législation la méthode qui a tiré toutes les autres sciences du chaos ? Pourquoi le bonheur des hommes en société se-

rait-il toujours livré à l'empirisme? « Il est
» surprenant, dit Blackston, qu'il n'y ait au-
» cun état dans la vie, aucune occupation,
» aucun art, aucune science qui n'exige quel-
» que *méthode d'instruction*, et que la lé-
» gislation, la plus noble, la plus difficile
» de toutes les sciences, soit la seule excep-
» tée de cette condition générale. »

Je n'ai point la prétention sans doute d'a-
voir tracé cette *méthode d'instruction* aussi
nettement, aussi complétement qu'on peut le
faire ; cependant je crois en avoir saisi l'idée
principale, quand je dis qu'il faut commencer
par les *principes*, et quand j'établis que les
principes sont dans les facultés humaines ou
les besoins, ou, ce qui est toujours la même
chose, dans la *propriété physique* et la *propriété morale* telles que nous les avons dé-
finies.

CONCLUSION.

Je n'ai eu d'autre but dans ce discours que de montrer, par des considérations générales et rapides, que les *rapports* qui existent entre les êtres sont déterminés par les *propriétés* qui appartiennent à chacun d'eux, et qui les constituent ce qu'ils sont; — Que ces propriétés sont les causes, les *principes* de toutes les actions qui se passent dans l'univers; — Qu'entre ces propriétés il y a des analogies ou des différences, et que des relations qui s'établissent entre elles, ou de leurs actions réciproques, il résulte des *phénomènes,* des *faits* qui sont les matériaux des *sciences;* — Qu'en un mot, il n'y a dans la nature que des propriétés et des phénomènes, ou, ce qui revient au même, que des principes et des conséquences, et que les sciences sont la connaissance que nous avons des uns et des autres, et de leur liaison mutuelle.

Mon but a été de montrer en même

temps que l'homme est doué de propriétés ou de *facultés physiques et intellectuelles;* — Que ces facultés ont été créées en rapport avec les propriétés du monde extérieur; — Qu'il y a dans la nature de ces facultés un principe d'action qui tient à l'ordre universel, qui fait qu'elles tendent sans cesse à se mettre en relation avec les propriétés analogues des corps ambians; — Que cette tendance à s'exercer produit dans l'homme autant de *besoins* qu'il a de facultés diverses; — Que la manière d'établir les rapports entre nos facultés et les objets propres à satisfaire à nos besoins, est déterminée par notre instinct, par notre industrie, et forme les *arts;* — Que les objets destinés à satisfaire à nos besoins sont notre *propriété;* — Que dans l'ordre même de la nature, et dans la volonté du Créateur, nous avons des *droits* sur ces objets, puisqu'ils sont une des conditions de notre existence, puisque ce sont les rapports établis primitivement entre ces objets et nos facultés qui nous font ce que nous sommes; — Que l'exercice suppose la *liberté*, et que la liberté entraîne l'*égalité de droits;*

—Que changer les rapports primitifs, ou simplement les intercepter, c'est changer notre nature, ou suspendre notre existence.

Mon but a encore été de montrer que l'homme est pourvu de *facultés* qui le mettent en rapport avec ses semblables ; — Que ces facultés originelles sont les principes des *sciences morales;* — Qu'elles déterminent tous les rapports *humains et sociaux;* — Que les hommes ont donc, les uns par rapport aux autres, des *droits* réciproques sur leurs personnes, ce qui forme la *propriété morale;*— Que ces droits sont plus ou moins étendus selon le plus ou moins de besoin que nous avons les uns des autres pour notre conservation, pour notre *bonheur;* — Que ces droits entraînent naturellement des *devoirs* réciproques, car nous avons tous individuellement un droit égal au bonheur; — Que les rapports des hommes entre eux, ou leurs droits et leurs devoirs, ne sont point par conséquent le résultat de conventions; — Qu'ils sont déterminés par leurs facultés; — Que l'*état social,* en un mot, est un *état naturel.*

J'ai voulu montrer aussi que *les
institutions humaines* doivent
aux principes, aux facultés primordi...
l'homme; — Que les *lois* doivent être fondées sur ces principes, et que *l'organisation
sociale* tout entière doit être calculée de manière à faire jouir le plus possible chaque individu du libre exercice de ses facultés,
c'est-à-dire à lui assurer la plus grande somme
de *bonheur*; — Que toute institution par
conséquent qui ne tendrait pas à cette fin
serait une erreur, une monstruosité; — Que
le seul moyen d'y arriver est d'étudier la nature de l'homme, de faire le tableau de ses
facultés, de ses besoins, et de proclamer ensuite des lois qui y soient conformes; — Que
sans cela la société sera dans l'agitation, dans
le malaise, état inséparable des *moyens arbitraires* ou faux.

Mon but principal, enfin, a été d'indiquer
la *méthode synthétique* comme la plus naturelle et la plus avantageuse pour l'étude des
sciences physiques et morales.

Ainsi :

L'étude des corps de la nature, fondée sur

les caractères distinctifs et les rapports réciproques qui établissent entre eux des différences et des analogies, et l'étude particulière de l'homme, fondée sur les rapports de
ses facultés intellectuelles avec ce qui l'entoure, conduisent aux diverses parties de
l'*histoire naturelle*, et aux *arts*, compris
sous le nom de PHYSIQUE.

L'étude de l'homme, fondée sur les rapports de ses facultés morales avec ce qui l'entoure, sur les rapports d'affection ou de
besoins qui l'unissent à son semblable, conduit aux deux sciences (*droit naturel*, et *législation* qui est ou *droit public*, ou *droit
privé*, ou *droit inter-national*) comprises
sous le nom de MORALE.

L'étude du *monde physique* et du *monde
moral*, fondée sur les rapports qui constituent l'ordre universel, conduit à la RELI-
GION, principal résultat de la science humaine.

FIN.